Adolf Holl

OM & AMEN

Eine universale Kulturgeschichte des Betens

Gütersloher Verlagshaus

Bibliografische Information Der Deutschen Bibliothek
Die Deutsche Bibliothek verzeichnet diese Publikation
in der Deutschen Nationalbibliografie; detaillierte bibliografische
Daten sind im Internet über http://dnb.ddb.de abrufbar.

FSC
Mix
Produktgruppe aus vorbildlich
bewirtschafteten Wäldern und
anderen kontrollierten Herkünften

Zert.-Nr. SGS-COC-1940
www.fsc.org
© 1996 Forest Stewardship Council

Verlagsgruppe Random House FSC-DEU-0100
Das für dieses Buch verwendete FSC-zertifizierte Papier *EOS*
liefert Salzer, St. Pölten.

1. Auflage

Umschlaggestaltung: schwecke.mueller Werbeagentur
Umschlagmotiv: getty images
Satz: Katja Rediske, Landesbergen
Druck und Einband: GGP Media GmbH, Pößneck
Printed in Germany
ISBN-13: 978-3-579-06927-2
ISBN-10: 3-579-06927-6

www.gtvh.de

INHALT

Vorbemerkung

Die Ungläubigen werden immer mehr. In Teheran tragen die Studentinnen Jeans unter dem Burka und überlassen das Beten den Mullahs. In Rom besuchen lediglich drei von hundert Katholiken den sonntäglichen Gottesdienst. Weltweit gehorchen die Religionsstatistiken einem Trend, der auf dem Zusammenhang zwischen Armut und Gottesfurcht beruht. Je höher die Lebenserwartung, desto leerer die Kirchen, und umgekehrt.

Abzulesen ist eine langfristige Tendenz der allmählichen Verwandlung agrarischer Länder in Industriegesellschaften, am deutlichsten im heutigen China, wo zur Zeit 300 Millionenstädte geplant und gebaut werden. Die Erfahrung zeigt, dass Industrialisierung mit Religionsverlust Hand in Hand geht.

Es mag ja sein, sagte der spanische Philosoph Miguel de Unamuno (gest. 1936) zu einem Bauern, dass es einen Gott gibt, der Himmel und Erde regiert. Ob unsere Seelen deshalb unsterblich sind, bleibt dennoch fraglich. Darauf der Bauer: Wozu dann Gott?

Wer so fragen gelernt hat, verlernt das Beten, auch wenn Präsident Bush vor den Sitzungen seines Kabinetts zu einer stillen Minute der frommen Sammlung einlädt. Er handelt damit gegen einen Plan, den niemand gehabt hat und der dennoch funktioniert. Der Plan sieht vor, dass die Welt gottlos wird.

Für Bush kann das keineswegs den Absichten Gottes entsprechen, sondern viel eher der Bosheit des Teufels. Der

Dalai-Lama wiederum wird gegen ein Beten ohne Bezugnahme auf außerirdische Instanzen wenig einzuwenden haben. Sobald er die Hände faltet, beginnt die kosmische Schwingungskonstante zu vibrieren. Mehr kann niemand verlangen.

Im Vergleich zur beschwörenden Kraft der Andachten, die immer noch zelebriert werden, in den Tempeln, Synagogen, Kirchen und Moscheen überall auf der Welt, wirken Wörter wie Religion, Spiritualität, Esoterik leidenschaftslos und matt. Wer Litaneien, Mantren, Hymnen, Psalmen, Rezitationen nicht mag, findet ohnehin zahlreiche Alternativen in den Wellness-Angeboten der Freizeitgesellschaft.

Die Bedrängnis des Lebens bleibt in ihr gleichwohl anwesend, als nagendes Unbehagen. An jene, die es gelegentlich spüren, wendet sich dieses Buch.

Es fängt dort an, wo ich 1973, dem Jahr meiner Entfernung aus dem kirchlichen Dienst, mit dem Schreiben über das Beten aufgehört habe. Seither ist mein geistliches Leben eher bescheiden geworden. Das Bändchen, in dem mein damaliger Aufsatz (siehe Anhang) erschien, hat den Titel: Kann man noch beten?

Die Antwort auf diese Frage lautet: Ja, aber womöglich ohne Nebenwirkungen.

Nach Christi Geburt

Zuerst die gute Nachricht: Es wird viel gebetet. Das Vaterunser zum Beispiel ist in seiner Macht über die Seelen ungebrochen. Kein Stalin hat es abzuschaffen vermocht und kein Hitler.

Das Unheil allerdings, das die beiden Satansboten über die Menschheit gebracht haben, hat ein Fragezeichen hinter die Anrede des Vaterunsers gesetzt. Das ist die schlechte Nachricht.

1 Abba

Das Gebet des Herrn, wie es gerne genannt wird, verdankt sich dem Heiland der Christenheit, der als Rabbi Jeschu im Judenland Aufsehen erregte, durch Krankenheilungen und Austreibung von Teufeln, während der Regierungszeit des römischen Kaisers Tiberius (gest. 37 n. Chr.). Auf die Frage, wie zu beten sei, antwortete Jesus mit der Formulierung von sechs lebensnotwendigen Bitten an den Ewigen, wie er in der jüdischen Frömmigkeit genannt wurde und wird. Die Anrede Gottes im Jeschu-Gebet allerdings wird in damaligen Ohren eher ungewöhnlich, wenn nicht gar lästerlich geklungen haben. *Abba!*

Im Aramäischen, der Muttersprache des Rabbi Jeschu, spielt das Abba auf ein (unübersetzbares) Lallwort der Kleinkindersprache an, das die respektvolle Distanz zum Familienoberhaupt in eine zutrauliche Verkleinerungsform verwandelt. Wir sind Kinder, nicht Sklaven Gottes, schrieb der Apostel Paulus im Sommer des Jahres 52 unserer Zeitrechnung, und deshalb rufen wir Abba.

Sankt Paulus, der griechisch schrieb, beließ das aramäische Abba in seinem Text. In der Tat kam mit dem Abba etwas bislang Unerhörtes in die Religionsangelegenheiten, eine Art von Intimität, wie sie zwischen Kindern und Eltern üblich ist. Der Philosoph Ernst Bloch, ein erklärter Atheist, hat das erkannt. Er schrieb: Zu einem Kind, das im Stalle geboren, wird gebetet. Näher, niedriger, heimlicher kann kein Blick in die Höhe umgebrochen werden.

Blochs Befund empfiehlt den Verzicht auf das Gefühl der Erhabenheit in den Regeln des guten Benehmens beim Beten. Wer den Rat beherzigt, erspart sich viele Enttäuschungen.

2 Eli

Ein einziges Mal, so steht es jedenfalls in der Bibel, hat Jesus die älteste semitische Gottesbezeichnung ausgesprochen, in Todesnot: *Eli, eli, lema sabachtani.* Mein Gott, mein Gott, warum hast du mich verlassen?

Wie im Fall des Abba ist auch das Eli im griechischen Text des Evangeliums stehen geblieben, mit nachgelieferter Übersetzung. Mit lauter Stimme habe Jesus das Eli gerufen, wird erzählt, dann noch einmal geschrien und den Geist aufgegeben.

Was die Bibel damit sagen will, leuchtet ohne weiteres ein: Auch so darf gebetet werden.

3 Marana tha

Was den Anhängern des Rabbi Jeschu in Palästina und Syrien am Herzen lag, während der letzten drei oder vier Jahrzehnte vor der Zerstörung des Tempels der Stadt Jerusalem durch die Römer (70 n. Chr.), ist in einem aramäischen Stoßgebet ausgedrückt, das Sankt Paulus im Frühjahr 51 n. Chr. zu Papier brachte: *Marana tha.* Unser Herr! Komm!

Angesprochen war der Herr Jesus, der den Seinigen beim Abschied versprochen hatte: Eine kleine Weile, und ihr seht mich nicht mehr. Und wieder eine kleine Weile, und ihr werdet mich sehen.

Aber der Herr Jesus blieb verschwunden.

Der einzige Trost für die Hinterbliebenen: ein wöchentliches Abendessen im kleinen Kreis. Dabei wurde zwar gelegentlich über den Durst getrunken, aber die Hauptsache war die Vergegenwärtigung jenes prominenten Abwesenden, der das gemeinsame Essen und Trinken zu einem Liebesakt gemacht hatte. Aus der Bitte an ihn, doch wiederum mit dabei zu sein, ist die christliche Liturgie entstanden.

In Moskau oder Athen kann sie mehrere Stunden dauern. Während die Popen singen, sind zeitliche Abläufe belanglos, und der Wunsch nach der Anwesenheit des Erlösers geht in Erfüllung.

4 Hokuspokus

Während der Regierungszeit König Jakob I. von England (1603–1648) verblüffte ein Zauberkünstler die Leute auf den

Jahrmärkten, der sich Seiner Königlichen Majestät exzellentester Hocus Pocus nannte. Seine Tricks pflegte er mit den Worten einzuleiten: Hocus Pocus tontus taluntus. Er gab 1634 die Abhandlung »Hocus Pocus Junior« anonym in Druck, die drei Jahre später ins Deutsche übersetzt wurde.

Der anglikanische Kanzelredner John Tillotson (gest. 1694), der es bis zum Erzbischof von Canterbury brachte, interpretierte das Hocus Pocus als Verballhornung der liturgischen Wandlungsworte des christlichen Gottesdienstes in lateinischer Form: *»Hoc est enim Corpus Meum«*. Ob das stimmt, ist unter Fachleuten allerdings umstritten.

Auffällig dabei bleibt jedenfalls die Nähe des allerheiligsten Wandlungsgeschehens zum magischen Tun. Nach katholischer Auffassung, festgeschrieben auf dem Konzil von Trient (1545–1563), bewirken ein paar auf Latein geflüsterte Worte die leibhaftige Gegenwart Christi auf dem Altar unter den Gestalten von Brot und Wein, und zwar mit so hoher Verlässlichkeit, dass die heilige Handlung *(lat. actio, opus)* auch dann wirksam wird, wenn der Zelebrant ungläubig oder sonst wie behindert sein sollte.

Die biblische Geschichte, der sich das Hoc-est-Corpus-Meum verdankt, schildert das letzte Abendessen des Rabbi Jeschu mit seinen Schülern. Im Verlauf der Mahlzeit habe der Meister ein Brot in Stücke gebrochen und dabei gesagt: Nehmet, esset, das ist mein Leib. Hernach habe er das Trinkgefäß mit dem Tischwein kreisen lassen und gesagt: Trinket alle daraus, das ist mein Blut.

Überliefert ist auch der Auftrag des Meisters: Tut so zu meinem Gedenken.

So oft ihr dieses Brot esset und den Kelch trinket, fügte Sankt Paulus hinzu, verkündet ihr den Tod des Herrn, bis er wiederkommt.

Womit das Brotbrechen mit dem Maranatha verknüpft war und mit dem Abba, dessen dringlichste Bitte die Wiederherstellung der paradiesischen Unschuld zum Gegenstand hat: Zu uns komme dein Reich.

Eine weitaus längere Geschichte ist die Erzählung von der Art und Weise der Aneignung des Hoc-est-Corpus-Meum durch die lateinische Christenheit. In ihr spielt Karl der Große eine gewisse Rolle, der aus Rom ein päpstliches Zeremonienbuch mitbrachte und es in Aachen abschreiben ließ, als Muster für die liturgischen Anweisungen in seinem Imperium. Allerdings kostete vor der Erfindung des Buchdrucks ein Missale den Gegenwert eines Wirtschaftsgebäudes, was für einen Landpfarrer kaum erschwinglich war. Dementsprechend dürftig waren die Lateinkenntnisse der Dorfpfaffen, die vom Gutsherrn wie Dienstboten gehalten wurden. Allenfalls hatten sie das Hoc-est-Corpus-Meum mitsamt ein paar weiteren lateinischen Gebeten auswendig gelernt und die verwandelte Hostie in die Höhe gehalten, während die Glocke bimmelte. Umso beliebter waren Wundergeschichten, die von plötzlich blutenden Hostien erzählten, wenn ein zweifelnder Geistlicher am Werk war. Einmal im Jahr, zu Fronleichnam, wurde die Hostie in einer goldenen Monstranz durch die Felder getragen, um das Gras besser wachsen zu lassen.

Für Luther war das der Höhepunkt gotteslästerlicher Verirrung. Rom blieb standhaft und wünschte den Reformatoren ein lähmendes Siechtum an den Hals *(debilitati et fracti tabescant)*, während in halb Europa kostbares Altargerät eingeschmolzen wurde.

In England, das sich vom Papst losgesagt hatte, zauberte nicht nur Seiner Majestät Hocus Pocus, auch 900.000 Atheisten wurden dort bereits gezählt, wie der spanische Botschafter mit einiger Übertreibung nach Madrid berichtete. Freidenker wie Thomas Hobbes (gest. 1679) kritisierten das Hoc-est-Corpus-Meum als magische Beschwörung (*conjuration, incantation*) und Sinnestäuschung. In allen reformierten Ländern verschwand das Latein aus dem christlichen Gottesdienst, was von Rom vierhundert Jahre später nachgeholt wurde.

Die Frage, was jener Rabbi Jeschu im Sinn hatte, als er sich seinen Getreuen zum Verzehr anbot, ist deshalb noch lange nicht vom Tisch.

Die Gewohnheit, jenen Rabbi Jeschu als Gott anzusprechen, ist so alt wie das Christentum. Weniger bekannt ist der frühchristliche Einfall, den Herrn Jesus als Gott Hermes abzubilden, mit dessen Zauberstab in der Hand, auf Katakombenmalereien und Sarkophagen.

Dieser verstohlene Wink aus einer hoch kultivierten Vergangenheit blamiert die pedantische Unterscheidung zwischen (abzulehnender) Magie und (zu respektierender) Religion. In beiden Fällen ist der mächtige Wunsch nach Durchkreuzung schlechter Wirklichkeiten am Werk. Wünsche können nicht irren. Sie können lediglich enttäuscht werden. Im heutigen – nominell katholischen – Italien, vorwiegend im hoch industrialisierten Norden, arbeiten 15.000 Magier und Magierinnen, offiziell bei der Steuerbehörde angemeldet, mit 300 Millionen Euro jährlich für die Staatskasse. Sie legen Tarot, verkaufen exorzistische Sprays, konsultieren astrologische Computerprogramme.

Wer erfolgreich zu helfen vermag, hat immer Recht, ob mit Rosenkranzbeten, mit Aspirin oder eben mit Hokuspokus.

Zum Beispiel: Gegen den bösen Blick füllst du Wasser in ein Glas, tauchst den kleinen Finger in etwas Olivenöl und lässt es ins Wasser tropfen. Wenn es sich auf der Oberfläche verbreitet, war deine Mühe vergeblich, wenn das Öl Kreise bildet, musst du das Kreuz schlagen und drei Mal sprechen, Vater, Sohn und Heiliger Geist.

Dagegen lässt sich kaum etwas einwenden. Die Welt ist ohnehin schon entzaubert genug.

5 Trishagion

Aller guten Dinge sind drei.

Wer das nicht weiß, wird nie bis zum sechsten Palast der Unterweisung gelangen, dem vorletzten, in welchem das Trishagion ohne Anfang und Ende ertönt, das dreimalige *kadosch* der Seraphim-Engel. Das hebräische *kadosch*, das griechische *hagios* und das lateinische *sanctus* benennen eine Angelegenheit, die im schärfsten Gegensatz zum Alltag steht, zu dessen Gemütlichkeit und Gemeinheit.

Das erlebte ein Schriftsteller mit Namen Jesaja, Sohn des Amoz, beheimatet in Jerusalem, welcher drei Jahre lang nackt herumlief, als Warnung vor einer Bündnispolitik mit Ägypten. Ihm widerfuhr eine Entraffung im Jahr 740 vor

Christus, die ihn vor Gottes Thron brachte. Dortselbst erblickte er die sechsfach geflügelten Seraphim im rot glühenden Schuppenkleid, deren Schreie er nicht vergessen konnte: Heilig, heilig, heilig!

Wehe mir, ich bin verloren. Der profunde Schrecken des prophetischen Visionärs lässt die landläufigen Religionsgefühle wie ein stark verdünntes Tränklein für den Hausgebrauch erscheinen, auch für Minderjährige verträglich, als ein Opium des Volks, wie jener andere Prophet mit Namen Karl Marx, Enkel eines Rabbiners, die Sache genannt hat, im Jahr 1844 nach Christus.

Auf Griechisch intonierten die ehrwürdigen Väter der Kirchenversammlung von Chalkedon (heute Kadiköy, Türkei) im Jahr 451 n. Chr. das Trishagion in der erweiterten Fassung: *Hagios ho theos, hagios ischyros, hagios athanatos* (*theos* = Gott, *ischyros* = stark, *athanatos* = unsterblich), mit der Bitte *eleeson hemas* (erbarme dich unser).

Denn vor der dreimal heiligen Letztinstanz haben die Sterblichen immer gezittert, wie in der Bibel geschrieben steht: Gottesfurcht ist aller Erkenntnis Beginn. Die Seelenruhe findet der Erdenwurm erst in der letzten, der siebenten Palasthalle, in welche nur Wenige gelangen. Im Allerheiligsten sind Gebete gegenstandslos.

6 Gloria

In der lateinischen Hohen Messe mit vollem Einsatz von Orgel und Orchester, Chor und Solisten (Bach, Haydn, Mozart, Beethoven, Schubert, Bruckner) kommt nach dem

Kyrie eleison das Gloria. Nach der Bitte um göttliches Erbarmen soll die Wiederholung des Liedes folgen, das die Engel in Bethlehem sangen, nach der Geburt Christi im Stall: *Gloria in excelsis Deo*. Ehre sei Gott in der Höhe.

Wie das Evangelium nach Lukas erzählt, geschah die Menschwerdung Gottes in der Nacht, während eine Gruppe von Hirten ihre schlafenden Herden bewachte, gegen Viehdiebe und hungriges Raubgetier, auf den Weidegründen nahe beim Dorf. Das Schlüsselwort im griechischen Original der Schilderung des plötzlichen Einbruchs himmlischer Mächte ins gewöhnliche Leben ist *doxa*, was üblicherweise mit Herrlichkeit oder Glanz übersetzt wird. Das Wort soll die Lichtfülle bezeichnen, von der sich die Hirten plötzlich umstrahlt sahen, zu ihrem Schrecken.

Fürchtet euch nicht, sagt deshalb die blendende Gestalt zu den Männern, vor der sie ihre Augen bedecken müssen. Nachdem der Engel seine Botschaft vom Eintreffen des Erlösers als neugeborenes Kind in einem Futtertrog ausgerichtet hat, erhält er sozusagen militärische Verstärkung, denn die Rede ist von einem Heer, angetreten wie zum Appell. Das Lied der himmlischen Truppe beginnt abermals mit *doxa*, was im Lateinischen mit *gloria* übersetzt wurde.

Wer die Engel singen hört, bedarf keines Dolmetschers. Nach ihrem Erlebnis werden die Hirten, als sie ihre Geschichte erzählten, jedenfalls aramäisch geredet haben. Das entsprechende Wort für das griechische *doxa*, das im Lukasevangelium steht, geht im Aramäischen auf die semitische Wurzel k-b-d (= schwer sein) zurück. Wenn von der Herrlichkeit Gottes die Rede ist, schreibt die hebräische Bibel oftmals *kabod* (= Gewichtigkeit einer männlichen Person). Dem Herrn Gott die höchste Ehre zu erweisen, ist eine Selbstverständlichkeit. Die allerdings erweist sich als so stark, dass sie nach wiederholter Beteuerung verlangt, wie im Fall des Trishagion.

Dies umso mehr, als der Jubel der himmlischen Division auf oder über dem stillen Land nicht nur ihrem Oberbefehlshaber gilt, sondern auch dem mit der Geburt Christi eingetretenen Weltfrieden. *Et in terra pax hominibus.* Und auf Erden Friede den Menschen.

Der Weltfrieden braucht also von den Engeln nicht herbeigebetet zu werden. Er wird von ihnen verkündigt und als ultimative Freudenbotschaft *(euangelion)* in die Erden-Nacht gesungen.

Nichts leichter, als ihnen nicht glauben.

7 Credo

Der letzte katholische Credo-Jubel wurde von Anton Bruckner (gest. 1896) komponiert, in seiner f-Moll-Messe. Im Gegensatz zu dem von ihm verehrten Richard Wagner blieb Bruckner auch auf der Höhe seines Ruhms als Orgelvirtuose und Komponist stets ein frommer Mann, im Auftreten eher schüchtern, besonders den Frauen gegenüber, sicherlich kein Stadtmensch. Der Meister wohnte viel lieber im oberösterreichischen Stift Sankt Florian bei Linz als im kaiserlichen Wien. Die Noten allerdings, die Bruckner zur höheren Ehre Gottes niederschrieb, brachten Pauken und Trompeten ins Spiel, ohne jede falsche Bescheidenheit, auch wenn sie in Moll gesetzt waren. So kam, beschienen von der untergehenden Sonne der Habsburger-Monarchie, noch einmal ein Rufzeichen hinter das Glaubensbekenntnis der christlichen Frühzeit des vierten nachchristlichen Jahrhunderts, das eine verfemte Sekte in eine Reichskirche verwandelt hatte.

Auf griechisch in der Mehrzahl formuliert *(pisteuomen)*, erinnert die Einzahl des lateinischen *credo* stärker an die Einsamkeit des Angeklagten vor Gericht, dem wegen Religionsfrevels harte Strafen drohten. Angesichts der Bestien im Zirkus war Standhaftigkeit gefragt. Sie machte aus dem Verhör eine bestandene Prüfung und aus dem Verurteilten einen Zeugen (*martys*, wovon Martyrium) der Wahrheit. Einige der 318 Bischöfe, die 325 n. Chr. in Nikaia (heute Iznik, Türkei) auf der von Kaiser Konstantin einberufenen Kirchenversammlung über das richtige Credo abstimmten, hatten noch Narben von überstandenen Folterungen am Leib. Sie wussten, dass in ihrem Credo die Namen derer genannt werden mussten, denen sie in der christlichen Taufe anvertraut worden waren, gemäß ältester Überlieferung: Vater + Sohn + Heiliger Geist.

So auch im kaiserlichen Sommerpalast von Nikaia, wo die ehrwürdige Versammlung das erste amtliche Credo verabschiedete: Wir glauben an den einen Gott, den das All regierenden Vater! Und an den einen Herrn Jesus Christus, Gottes Sohn! Und an den Heiligen Geist!

Hernach lud der Kaiser zu einem Festmahl ein, dessen Pracht den Gästen wie ein Traum vorkam. In Wirklichkeit waren die Auseinandersetzungen um den richtigen Glauben und dessen unmissverständliche Formulierungen keineswegs am Ende. Weitere sieben Konzilien mussten einberufen werden, um den christlichen Glauben zu präzisieren, bis in das neunte nachchristliche Jahrhundert hinein.

Und schlussendlich ging trotz aller Bemühungen in Erfüllung, was im Evangelium nach Matthäus geschrieben steht: Nachdem sie ihn gekreuzigt hatten, verteilten sie seine Kleider untereinander. Was für Rom galt, fand nicht immer den Beifall Konstantinopels oder Moskaus, ganz zu schweigen von Luthers Wittenberg oder Calvins Genf.

Im Spanien der heiligen Inquisition wiederum konnte ab 1481 n. Chr. der Akt des Glaubens (lat. *actus fidei*) sehr unangenehm werden, in Form des *auto da fé*, wie die Festlichkeiten zum Zweck der Selektionierung jüdischer, muslimischer und sonst wie verdächtiger Mitmenschen genannt wurden. Nach der feierlichen Verkündigung der Urteile folgte die Hinrichtung auf dem Scheiterhaufen. Die Lehre aus diesem widerwärtigen Kapitel der Kirchengeschichte: Wenn Obrigkeiten über den christlichen Glauben wachen, wie seit Konstantin der Fall, dann wird jegliche Gottesgewissheit problematisch.

Deshalb empfahl der Kapuzinerpater Martin von Cochem (gest. 1712) in einem seiner zahlreichen Gebetbücher sozusagen vorsichtshalber ein »kräfftiges, Gott angenehmes und deiner Seelen tröstliches Gebett«, in dem unter anderem der Vorsatz formuliert ist: »Und in diesem wahren Catholischen Glauben begehr ich zu leben und zu sterben, und wollte lieber mein Leib und Leben, Gut und Blut verlassen, als von diesem wahren Glauben abweichen, oder einen eintzigen Articul desselbigen verläugnen.«

Die heilige Inquisition ist in diesem »geistlichen Testament«, wie Cochem seinen Text nannte, durchaus anwesend. Der wahre katholische Glaube, aufgefächert in Artikel, von denen kein einziger verleugnet werden darf, soll dem Betenden als eine Angelegenheit auf Leben und Tod eingeschärft werden, auf merkwürdig pedantische Art. Als Lohn winkt die Geborgenheit im sicheren Gehäuse der Zugehörigkeit, mit scharfer Abgrenzung gegen die Ungläubigen, denen der Papst nichts bedeutet.

Der gefährlichste Feind des Glaubens ist für Cochem allerdings nicht der blanke Unglaube, sondern der nagende Zweifel, der sich gegebenenfalls »durch teufflische Eingebung« regen mag: »Wann ich solte disem wahren Glauben etwas zuwider gedencken, reden oder thun, und dasselbige will ich hiemit gantz oder gar vernichtiget und unkräfftig gemacht haben. Und darumb befihle ich, o mein Gott, diesen meinen Glauben deiner Allmächtigkeit, Weißheit und Gütigkeit, und verschliesse ihn in die Rosenfarbenen Wunden Jesu Christi.«

In der so genannten Gegenreformation auf den Territorien der Wittelsbacher und der Habsburger waren die Kapuziner als Volksprediger, Beichtväter und Wallfahrtsdirektoren tätig. Cochem wirkte in Bayern, Österreich und Böhmen, zur Zeit eines barocken Bau-Booms sondergleichen, der den staunenden Bevölkerungen zeigte, wie schön der heilige Glaube sein konnte. Wenn er trotzdem einschlief, ließ er sich wiederum aufwecken, mit einem kräftigen Gebet, oder in Spanien mit dem Autodafé.

Nach dessen schlussendlicher Abschaffung bleibt neben Bruckners Musik eventuell noch die so genannte Erweckung des Glaubens im privaten Gebet. Zum Beispiel:

O mein Gott ich glaube an dich, weil du nur die Wahrheit sprichst. O mein Gott ich hoffe auf dich, weil du unendlich gütig und barmherzig bist. O mein Gott ich liebe dich aus meinem ganzen Herzen, weil du unendlich liebenswürdig bist.

8 Anathema

Dem Glaubensbekenntnis des Konzils von Nikaia (siehe das vorige Kapitel) ist eine kräftige Verwünschung angefügt, gerichtet gegen die Leugner der ewigen Gottnatur Christi. Die griechische Fluchformel *anathema* im Text erinnert an den alten Brauch, Geschenke an die Gottheiten in den Tempeln mit Sorgfalt zu behandeln, so ähnlich wie heute im Museum: *Anathema* heißt wörtlich das Aufgestellte. Damit lag auf den Weihegaben ein Bann, sie ins Profane zurückzuholen, überantwortete sie der göttlichen Sphäre und verlieh ihnen die Aura der Absonderung.

Für die Übersetzer der hebräischen Bibel bot sich das Anathema für die Wiedergabe des jüdischen *cherem* (= Bann) an, dessen Bedeutungsfeld auch im arabischen *harim* (= Harem) anklingt und die Grundbedeutung von Tabuisierung transportiert.

Gegen Personen gerichtet, geriet das feierliche, öffentliche und autoritative Aussprechen der Ausschließungsformel zum Bannfluch, wirksam wie ein mächtiger Zauber. Deshalb wurde das Anathema bei seiner Übernahme ins Lateinische unübersetzt gelassen und stand so bis zum Ersten Vatikanischen Konzil (Rom 1869/70) in Gebrauch, freilich längst stereotypisiert und kirchenrechtlich versteinert, um abweichende Lehrmeinungen zu definieren und abzuwehren. So geriet in Vergessenheit, dass Verwünschung und Segen zur gleichen Familie gehören wie das Gebet.

Das zeigt sich in der Wortwahl der päpstlichen Bulle gegen Ludwig den Bayern aus dem Jahr 1324: Er sei verflucht bei seinem Eingang, verflucht bei seinem Ausgang. Der Herr schlage ihn mit Wahnsinn, mit Blindheit und Raserei. Der Himmel sende auf ihn seine Blitze. Die Erde tue sich auf und verschlinge ihn lebendig. Seine Wohnung sei wüst, seine Söhne sollen aus ihren Häusern vertrieben und vor seinen Augen in die Hände der sie verderbenden Feinde gegeben werden. Sein Name sei ausgetilgt.

In diesem Schriftstück wird nicht gedroht, sondern verhängt. Dazu dient die Grammatik der Wunschform, der sich auch das gut gemeinte Bittgebet verdankt. Im Bösen soll der Schaden keineswegs auf dem Papier bleiben, das lediglich dazu dient, den Fluch auf Dauer zu stellen. Dabei ist nicht zu übersehen, dass sich der Papst aus biblischem Fundus bedienen konnte, dem der Fluchpsalmen, Weherufe und Rachegebete in der heiligen Schrift.

Im Vergleich mit ihr sind die neuzeitlichen Päpste ziemlich kleinlaut geworden.

9 Bismilla

Aller guten Dinge sind drei. Nach Moses und Jesus trat Mohammed vor die Menschen, um ihnen ein letztes Mal und endgültig einzuhämmern, dass ihre Gebete ausschließlich an den Einen zu adressieren seien, nicht ans Gewimmel der götterweltlichen Krokodile oder Affen, wie in Ägypten oder Indien üblich. Mohammed setzte es durch, dass die arabischen Göttinnen und Götter aus dem Heiligtum in Mekka geschafft wurden, entsprechend der mosaischen Weisung, sich ja nicht vor Erzeugnissen des religiösen Kunsthandwerks in den Staub zu werfen.

In Gottesnamen *(bismilla)* beginnen die Muslime deshalb ihre Gebete, gehen sie zur Arbeit, zu Tisch und ins Ehebett. In Gottesnamen übt auch der Schlächter sein Handwerk aus, greift der Henker zum Schwert, wird in die Schlacht geritten oder ein Passagierflugzeug in einen Wolkenkratzer gelenkt, wenn es erforderlich ist. Gott will es *(deus lo volt)* riefen auch die französischen Ritter am 27. November 1095 in Clermont nach einer Predigt des Papstes auf freiem Feld, die den Adel zur Befreiung Jerusalems von der Fremdherrschaft aufgefordert hatte. So begann in Gottesnamen das Schwertergeklirr zwischen Abendland und Morgenland, das später mit Raketen fortgesetzt wurde.

Wer sich nach alledem beim Beten neutral verhalten möchte, hat im Geschichtsunterricht nicht aufgepasst.

10 Heil und Erlösung

Im Buch des Propheten Jeremia ist eine dringende Bitte überliefert, gerichtet an den Ewigen. Sie beginnt mit einer Feststellung: Wenn du mich heilst, bin ich geheilt. Wenn du mir hilfst, ist mir geholfen. Denn du bist meine Hoffnung. Dann weiter: Die mich verfolgen, mögen zuschanden werden, aber nicht ich. Sie mögen vom Schrecken überwältigt werden, aber nicht ich. Lass den Unglückstag über sie hereinbrechen und zerschmettere sie mit doppeltem Schlage.

Heil und Unheil sind in diesem Text aufeinander bezogen. Ohne Unheil wäre Heil reine Langeweile. Auch die Bitte um ewiges Leben wäre ohne Bedrohung durch den Tod überflüssig. Dass sie noch nie erfüllt worden ist, stört ihre Inständigkeit nicht.

Im Gebet des Jeremia, der als Dichter in Jerusalem wirkte, um 600 v. Chr. herum, ging es nicht um ewiges Leben, sondern um feindliche Truppen aus Babylon auf dem Marsch gegen Jerusalem. Die Stadt wurde erobert, das Gedicht Jeremias blieb erhalten, als Ausdruck enttäuschter Hoffnung, die gleichwohl beharrlich bleibt. Ins Lateinische übersetzt, kam die Bitte des Jeremia in die Bibelhandschriften des christlichen Abendlandes, wie ein Mantra, das nicht oft genug wiederholt werden kann: *Sana me Domine, et sanabor; salvum me fac, et salvus ero.* Heile mich, Herr, so werde ich geheilt werden; hilf mir, so wird mir geholfen sein. Im Lateinischen wurde *Salve* als Begrüßung verwendet und gelangte mit dieser Bedeutung ins mittelalterliche Marienlob: *Salve* Regina – Sei gegrüßt, o Königin.

Im Deutschen wird ein besonders reiches Wortfeld aufgespannt, wenn von Heilserwartungen die Rede ist. Petri Heil, Heilung von Krankheit, Heiligung, Heiland. In diesem Zusammenhang wirkt die Erinnerung an das Heilhitler besonders irritierend, wegen der schlimmen Folgen des Führerkults zwischen 1933 und 1945. Dabei hätte ein Blick in die Bibel genügt, um Hitler als Antichrist zu identifizieren, als einen Satanspriester, der den Erlöser spielt. Ein Kindergebet aus seiner Zeit lautet: Hände falten, Köpfchen senken, innig an den Führer denken, der uns Arbeit gibt und Brot, der uns hilft aus aller Not.

Es gehört zur Hoffnung, dass sie enttäuscht werden kann. Deshalb der Wunsch nach Befreiung vom Unheil, ob nun christlich ausgedrückt oder buddhistisch. Der Wunsch ist mächtiger als alle Enttäuschungen. Erlöse uns von dem Bösen. Das ist die letzte Vaterunserbitte, und ihr Inhalt ist unverwüstlich, weil es auf das Gute gerichtet ist, nicht auf dessen Gegenteil.

Im Zentrum der Angelegenheit, die Religion genannt wird, sind sprachliche, kulturelle, konfessionelle Unterschiede belanglos. Das Zentrum ist überall dort, wo Menschen leben, und es setzt deren Gebete unter Strom. Das Verstummen aller Gebete lässt sich mit einem Stromausfall vergleichen. Dann herrscht Finsternis wie in der Hölle.

11 Halleluja

Im Gegensatz zu den gottlosen Heilrufen auf den Reichsparteitagen Hitlers erinnert das Halleluja an Festesfreuden, die priesterdienstlich kodiert waren, im alten Israel. Dort kamen die Bauern zum Erntedank vor den Tempeln zusammen, umschritten sie betend und singend zur Ehre mächtiger Gottheiten, die in den Tempeln aufgestellt waren. Eine davon hieß Jahu, und auf sie weist die Endsilbe des Halleluja hin. Ihr wurde zugejubelt (hebräisch *hallel* = jauchzen). Von König David erzählte man, er habe für Jahu wie ein Verrückter getanzt, nur mit dem Lendenschurz bekleidet, zur Musik von Zithern und Harfen, Pauken und Zimbeln. Auch ein guter Sänger sei David gewesen, heißt es weiter, weshalb über vielen Liedern der Bibel König David als Autor vermerkt ist.

Dreitausend Jahre später klingt das Halleluja in Harlem weitaus lebendiger als in der Carnegie-Hall. Priester werden dabei nicht mehr benötigt.

12 Amen

Vor Christi Geburt stand das Amen im Gebet an dessen Ende, nach Christi Geburt auch. Zur Zeit Christi rückte das Amen an den Beginn der guten Nachrichten, mit denen der Wunder wirkende Rabbi aus Nazareth die verdutzten Juden überraschte: Amen, Amen! Ihr werdet den Himmel offen sehen! Die erwartete Antwort auf diese Zusage ist ganz einfach: Amen.

Seit eh und je dieses Gemurmel

Vor 4.000 Jahren hatten die ägyptischen Priester eine gute Idee. Sie ließen ihre Bestattungsgebete für die verstorbenen Könige auf die Wände der Grabkammern in den Pyramiden schreiben. Damit war ein für allemal festgehalten, wie der Tod gelegentlich aus der Welt geschafft werden kann.

Die Menschheit war damals bereits eine Million Jahre alt. Längst hatte sie beten gelernt, im Gegensatz zu den Tieren.

13 Steh auf

Die Sargkammer der Unas-Pyramide in Saqqara (Ägypten) wird von Osten her betreten. In dem Raum, dem Ort der Verewigung des königlichen Leichnams, steht der Sarkophag aus Grauwacke, an der Westwand. Sie ist unbeschriftet. Die übrigen Wände sind mit Hieroglyphen bedeckt, als festgeschriebene Rezitation jener Gebete, die zur Behandlung des prominenten Toten bei dessen Bestattung vorgesehen waren. Hernach wurde die Ruhestätte versiegelt, mitsamt den Hieroglyphen. Nach deren Entdeckung und Entzifferung stand zu lesen: Steh auf! Nimm dir deinen Kopf, umfasse deine Knochen, sammle deine Glieder, wisch dir die Erde von deinem Fleisch, empfange dir dein Brot, das nicht schimmeln, dein Bier, das nicht sauer werden kann.

Der Text ist um 2.300 v. Chr. herum in den Stein des Mauerwerks der Unas-Pyramide gemeißelt und mit grünblauer Farbe illuminiert worden. Sie leuchtet noch immer.

Den alt-ägyptischen Grabräubern dürften die Beschriftungen gleichgültig gewesen sein. Ihnen ging es um die sorgfältige Ausplünderung der Königsgräber, ohne Respekt vor den Mumien, die achtlos beiseite geworfen wurden. In der ägyptologischen Fachwelt sind die Grabräuber nicht wirklich beliebt. Ihre Habgier hat von den Schätzen der königlichen Totensorge nur wenige Prachtstücke übrig gelassen, sozusagen versehentlich. Die Grabschänder bleiben anonym, weil sie nichts Schriftliches hinterlassen haben. Ihre Respektlosigkeit steht in scharfem Kontrast zur kultivierten Gebetskultur der Priester, die zwischen Diesseits und Jenseits vermittelten, im Dienst der Herrscher. Die Priester lebten von der Religion, die Grabräuber auch, allerdings auf der gesetzlosen Seite. Später verwandelten sich die Grabräuber in Ägyptologen, im Dienst der Touristen.

Ob die Grabräuber an ein (besseres) Jenseits geglaubt haben, darf bezweifelt werden. Was ihnen beim Anblick der Pyramiden einfiel, lässt sich leicht erraten: Wie kommen wir da hinein? Dass sie selbst bei der Errichtung der monumentalen Grabdenkmäler beschäftigt waren, leuchtet ein. Sie wussten vom Zuschauen, welcher Aufwand erforderlich war, um aus einer Leiche einen Gott zu machen. Vom Zuhören wussten sie, dass in ihrer Sprache die Wörter für Leichnam und für Gottesbild gleichbedeutend waren, nach der Regel: Liegend eine Leiche, aufgerichtet ein Gott. Die Aufrichtung war Sache der Priester, unerschwinglich für die 30.000 Saisonarbeiter, die alljährlich am Bau der Pyramiden tätig waren.

Immerhin durfte das Bauernvolk jubeln, wenn der Pharao sich an Festtagen zeigte, wenn die Priester eine Göttin aus ihrem Tempel holten und in feierlicher Prozession zum Gott eines benachbarten Heiligtums trugen wie einen hohen Besuch. Dann schlugen die Tanzmädchen ihre Schellentrommeln, die Vorlesepriester rezitierten die althergebrachten Gebete, der Weihrauch dampfte, und das Leben war schön.

Die Pyramidentexte, wie sie in der Fachliteratur genannt werden, hat man mit Partituren verglichen. Nach ihnen hatten sich die in singendem Tonfall vorgetragenen Anrufungen der Priester zu richten. Kein Wort durfte geändert werden, nur der Name des jeweils zu bestattenden Königs wurde eingefügt und mit der Gottesbezeichnung Osiris verknüpft. Steh auf. Du bist nicht gestorben.

Ein Pyramidenbezirk am westlichen Ufer des Nil, mit all den Pylonen, Totentempeln, Zeremonialteichen, Priesterunterkünften, Wäschereien, Bäckereien, Schlachthäusern, Büros, Archiven, Marktplätzen, kam einer kleinen Stadt gleich, am Rand des Fruchtlands, geschäftig und laut. Still war es nur in der königlichen Grabkammer unter der Pyramide, dem Zentrum des ganzen Betriebs. Dass dort eine Leiche lag, wusste jedes Kind. Was um sie herum geschah, wurde Priesterdienstlichkeit genannt. Später sagte man Religion dazu oder Kultur.

Die Bezeichnungen wechseln, die Sorge bleibt. Sie produziert Gegenwelten. Ohne Gegenwelten wären die Menschen Biomaschinen.

Könige und Priester haben der Nachwelt die ältesten Gebetstexte der Menschheit in schriftlicher Form hinterlassen, nicht nur in Ägypten, auch in Babylonien und Indien, in China und Amerika. Überall galt die Regel, dass Unbefugte von der Kenntnis der Gebete fernzuhalten seien. Neun Zehntel der damaligen Bevölkerungen waren damit von der Gebetskultur ausgeschlossen.

Ab und zu scheinen in diesem Theater auch Frauen eine Rolle gespielt zu haben, als Königinnen und Priesterinnen. Unter ihnen ist die ägyptische Nofretete berühmt geworden, deren Büste aus bemaltem Kalkstein 1912 ausgegraben wurde. Ihre Schönheit wirkt maskenhaft konventionell, wie es sich für hochrangige Persönlichkeiten schickte. Eine andere Darstellung jedoch zeigt sie mit ihrem Gatten Echnaton an der Bahre einer verstorbenen Tochter im Gestus verzweifelter Trauer. Der Todesfall verwandelte das Pharaonen-Paar in zwei ganz gewöhnliche Sterbliche.

14 Erhobene Stimmen

Im Februar 1981 berichtete die Schanghaier Tageszeitung »Befreiung« von einer Bergregion bei der Stadt Sinan, dass es dort mehrere Teiche gebe, die von der Bevölkerung als geheimnisvoll bezeichnet würden. Immer dann, wenn jemand am Ufer eines dieser Gewässer mit lauter Stimme zu reden beginne, fiele kurz danach heftiger Regen. Der zunächst ungläubige Vorsitzende der örtlichen kommunistischen Partei-Organisation habe sich von der Richtigkeit dieser Beobachtung überzeugt und mit lauter Stimme einen Platzregen verursacht. Rotchinesische Wissenschaftler erklärten das Phänomen mit der hohen Luftfeuchtigkeit in dieser Region. Geringste Erschütterungen reichten aus, um Regenschauer zu bewirken.

Im alten China waren einstens die Wu-Familien für das Regenmachen zuständig. Sie verstanden sich aufs Trommeln und Tanzen, so ähnlich wie die sibirischen Schamanen. Es wäre ein Fehler, die Vernünftigkeit solch menschheitsalter Zeremonienmeisterei zu unterschätzen und sie mit Hokuspokus zu verwechseln. Dass Onkel Wu beim Regenmachen vor 3.000 oder auch 30.000 Jahren das Geheimnis der Teiche von Sinan kannte, darf angenommen werden.

Ansonsten wirken die Informationen aus der schriftlosen Vorvergangenheit der Kinder Evas recht dürftig, trotz des gelehrten Wortschwalls über die Sitten und Bräuche steinzeitlicher Nomaden. Falsch wäre es, deren Mentalitäten mit den Augen heutiger Theologieprofessoren oder Betbrüder zu betrachten, beziehungsweise mit der nervenärztlichen Arroganz moderner Beobachter des Seelenlebens der Wilden. Letztere waren sicherlich halb so wild wie die Besatzung des Flugzeugs, aus dessen Bauch die Atombombe auf Hiroschima fiel.

Nach dem gegenwärtigen Stand der einschlägigen Erzählprosa auf akademischem Niveau ist der Menschheit vor rund 35.000 Jahren das entscheidende Licht aufgegangen, selbstverständlich in Europa – so wie es sich gehört, wenn von Kultur die Rede ist, von Musik und Malerei, Kunsthandwerk und Literatur.

Und siehe. Aus jener Zeit stammt die weltweit älteste Darstellung eines Menschen. Gefunden wurde sie auf der Schwäbischen Alb. Ein Elfenbeinplättchen mit dem Relief eines Mannes, der seine Hände erhebt, wie zum Gebet.

Viel ist das nicht, aber mit einiger Phantasie mag die schwäbische Kostbarkeit als Darstellung eines singenden Schamanen durchgehen. Leider ist sein Lied nicht erhalten geblieben.

Die gegenwärtig noch praktizierenden Schamanen mit glaubwürdigem Stammbaum über mehrere Generationen hinweg sind hauptsächlich unter den vom Aussterben bedrohten Völkern zu finden. So selten sind die Vertreter des vielleicht ältesten Gewerbes der Menschheit geworden, dass auf einen Schamanen oder eine Schamanin mindestens ein Völkerkundler kommt, oder der unvermeidliche Lehrling aus der neureligiösen Szene.

Das tungusische *schaman* bezeichnet Heilpraktiker beiderlei Geschlechts, deren bizarres Benehmen erstmals durch russische Ethnographen um 1800 herum erforscht wurde, in Sibirien. Das sprach sich herum, und für die nächsten 150 Jahre wurde das schamanistische Etikett kulturwissenschaftlich gerne benutzt, um eurasische, nordchinesische, tibetische, koreanische, südostasiatische Merkwürdigkeiten im Verkehr zwischen Diesseits und Jenseits zu beschreiben.

Dabei stellte sich heraus, dass die quasi transkulturelle Konstante der schamanistischen Kompetenzen in der (angeborenen und/oder antrainierten) Befähigung zum Wechsel vom normalen ins veränderte Wachbewusstsein (= Trance) lag, hinüber in den »hellen Schlaf«, wie er im Mittelalter genannt wurde.

Selbstverständlich lag es nahe, über das vermutlich hohe Alter des Schamanentums zu spekulieren. Halbwegs wahrscheinlich ist lediglich der Zusammenhang zwischen der

Lebenswelt des steinzeitlichen Nomadisierens und dem professionell geübten Zeremoniell in der Ekstase. Sehr viel mehr mag das Männlein von der Schwäbischen Alb nicht verraten.

Der Versuch, ihm ein wenig Leben einzuhauchen, ist gleichwohl nicht ganz aussichtslos. Seine Welt, so viel steht fest, wimmelte von unsichtbaren Mächten – wohl gesonnenen, übel wollenden und gleichgültigen. Sie mussten gnädig gestimmt, beschwichtigt, abgewehrt werden, um die alltägliche Anarchie des Überlebens einigermaßen im Gleichgewicht zu halten – so ähnlich wie heute, lediglich mit anderen Mitteln.

Auffällig ist der Energieaufwand in den Umgangsformen jener menschheitsalten Zeremonial-Praktikanten mit den heiklen Problemen des Daseins, ob es sich nun um das Wetter handelte oder um Nahrungsreserven, um Geburtshilfe oder Verhandlungen mit Feinden, um Ehestiftung, Krankheitsfall, Wahnsinn, Verbrechen, Tod und Begräbnis. Zufuhr von bewusstseinsverändernden Substanzen, Getrommel und Tanz zu monotoner Musik waren häufig die Hilfsmittel zum Eintauchen in den Zustand höchster Konzentration, ohne den nichts lief. Nach stundenlanger Anstrengung werden die Damen und Herren von der frühgeschichtlichen Notfallhilfe ziemlich erschöpft gewesen sein. Ihre Schreie sind für ein feines Gehör noch immer zu hören, zum Beispiel im Namen des Gottes der hebräischen Bibel: Jahu!

Allmählich verfeinerten sich, so das Märchen vom Zivilisationsprozess, die schamanistischen Schreie zur kultivierten

Rezitation sakraler Beschwörung in den Tempeln der frühen Reichsbildungen, denen Schrift, Städtebau und Handel zu verdanken sind. Dann erschienen, während der so genannten Achsenzeit um 500 vor Christus herum, die »maßgebenden Menschen«, wie Karl Jaspers sie genannt hat – Konfuzius und Laotse, Buddha, Zarathustra, die jüdischen Propheten Jesaja und Jeremia. Ihnen folgten Jesus und Mohammed, deren Reden am Anfang kosmopolitischer Heilsanstalten standen. Was den beiden zugeschrieben wurde, wollte nachgebetet werden.

Bibel und Koran sind ursprünglich nicht zur Lektüre im heutigen Sinn bestimmt, sondern zur Vorlesung und Rezitation im liturgischen Gefüge, unverwechselbar feierlich schön, einprägsam durch oftmalige Wiederholung, wie im Schall der Stimmen vom Minarett herab, fünf Mal am Tag. Wer mit ihnen aufgewachsen ist, kann sich nicht vorstellen, dass sie einmal verstummen könnten.

15 Nada-Brahman

Was die Bibel anlangt, so ist ihre Einstellung zu den Anfängen der Kulturgeschichte eher skeptisch. Viehzucht, Eisengewinnung, Städtebau und Flötenspiel werden der Nachkommenschaft Kains zugeschlagen, der seinen Bruder Abel umbrachte und dafür von Jahu zur Rastlosigkeit bestimmt wurde. Erst mit Set, dem Drittgeborenen aus der Verbindung Evas mit Adam, kommt ein versöhnlicher Zug in die ersten Kapitel der Bibel. Enosch, der Sohn des Set, wird als der erste Mensch bezeichnet, der Jahu beim Namen rief. Aber wie?

Musikbegleitung war problematisch, wegen ihrer Nähe zur Sippe des Kain. Das hat auch Arnold Schönberg gewusst, bei der Arbeit an »Moses und Aaron«. In der Partitur hat Moses nur eine einzige Tonhöhe zur Verfügung, um sich auszudrücken. Singen darf er lediglich in der 2. Szene des ersten Akts, zu den Worten: Reinige dein Denken! Aaron freilich hat das Orchester auf seiner Seite. Der damit grundgelegte Konflikt zwischen den Brüdern ist unlösbar. Moses verkörpert die Absage ans religiöse Brauchtum, Aaron lässt es bestehen. Laut Schönbergs Konzept hat er deshalb am Ende der Oper tot umzufallen.

In der Realgeschichte Israels hingegen sind Tempel gebaut, Ziegen geopfert, Psalmen gesungen worden. In Jerusalem etablierte sich ein erbliches Priestertum, das sich bis zur Zerstörung des Tempels im Jahr 70 n. Chr. um den professionellen Vollzug der Riten zu kümmern hatte – so wie überall in der Welt des ersten Jahrtausends vor Christi Geburt.

Im christlichen Abendland wiederum verwandelte sich die orientalische Tempelmusik zum Kirchengesang, zur Kirchenmusik von Palestrina bis Bach, zum Kirchenlied für die fromme Gemeinde. Wer singt, betet doppelt.

Die Frage nach dem Wesen heiliger Klänge ist damit allerdings noch nicht vom Tisch. Der gegenwärtige Musikbetrieb lässt sie pedantisch und altmodisch erscheinen – aber nicht immer. Der Musikjournalist Joachim-Ernst Berendt (gest. 2000) beispielsweise überführte in einer Radiosendung das von tibetischen Mönchen gesungene *Om* per elektronischer Band-Montage graduell in das Amen aus Händels »Messias«, um den »Ur-Klang« der beiden Sakral-Silben hörbar zu machen.

Berendt war es auch, der auf die im alten Tibet gepflegte klösterliche Gesangsweise aufmerksam machte, mit einer einzigen Stimme ganze Akkorde zu singen. Dazu sei, so Berendt, eine völlige Entspannung von Rachen, Gaumen, Zunge, Lippen, Kehle und Brustraum erforderlich, was erst nach langer Übung gelingt.

Das gilt auch für den Sprechgesang der Brahmanen bei der priesterdienstlichen Rezitation jener Sakraltexte, die im frühzeitlichen Indien ab 1.700 v. Chr. niedergeschrieben wurden, auf Sanskrit. Dessen liturgische Verwendung durch Unbefugte war strengstens verpönt. Allenfalls war es die Gattin des Gesangspriesters, die ihn mit der Laute *(vina)* begleiten durfte. Kulturgeschichtlich steht fest, dass die indische Musik in der gottesdienstlichen Sphäre beheimatet ist.

Nach und nach sind im mittelalterlichen Indien auch theoretische Überlegungen über die Bedeutung heiliger Töne angestellt worden, in Form einer Klang-Theologie *(sonic theology)* auf hohem intellektuellem Niveau, die im Westen erst jetzt bekannt wird. Dabei geht es um den Zusammenhang zwischen Klang *(nada)* und umgreifender All-Gegenwart *(brahman)*, stets unter Berufung auf die reichen Erfahrungen bejahter religiöser Praxis, nie in der arroganten Haltung kritischen Besserwissens wie in den religionsphilosophischen Abhandlungen der westlichen Neuzeit.

Deren Fixierung auf das gesprochene bzw. verschriftlichte Wort *(logos)* geht auf das jüdische Misstrauen gegen die zierlichen Greuel des heidnischen Gebetslebens zurück, Tempelprostitution inbegriffen. Im ersten Satz des Johannesevangeliums ist das Motto solcher Bedenklichkeit festgehalten: Im Anfang war das Wort – mit deutlicher Anspielung auf den Beginn der hebräischen Bibel: Und Gott sprach (sagte, befahl): Es werde Licht.

Demgegenüber hält sich die indische Klang-Theologie offen für die Einsicht, dass Sprech-Akte im gottesdienstlichen Geschehen keineswegs zentral sein müssen, bei all dem Gemurmel, Gesumme und Gebrumme, Getrommel und Gepfeife ritueller Verlautung. In diesem klanglichen Durcheinander mag dann der Wunsch erwachen, die richtige Tonart für die persönliche Erlösung zu finden. Wenn der Wunsch in Erfüllung gegangen ist, endigen alle Gebete in beglücktem Schweigen.

16 Atemübungen

Wie der Bienenstock im Kopf zur Ruhe gebracht wird, ist zur Zeit Gegenstand zahlloser Trainingsprogramme in indischen Aschrams, christlichen Klöstern, Meditationskursen in Wellness-Hotels. Zweimal täglich in entspannter Haltung zwanzig Minuten lang dem eigenen Atem zu lauschen wird als guter Anfang beim Eintritt in die Schule des exquisiten Betens empfohlen. Ob die Person dabei eine Gottbezogenheit mitbringt oder nicht, kann offen bleiben.

Wichtiger für die neue Alternativ-Religiosität ist die Verwendung von so genannten Mantren geworden, besonders seit der Begründung der »Transzendentalen Meditation« durch den indischen Lehrmeister Maharaj Ji vor vierzig Jahren. In dessen mittlerweile weltweit agierenden Organisation wird den Lernwilligen eine Lautkombination mit auf den Weg gegeben, die meist mit einem Nasal endigt und keinerlei Sinn ergibt. Durch oftmaliges Wiederholen solcher Silben (zum Beispiel *krim*) in stillen Stunden gelange man in einen Zustand tiefer Ruhe, meinen die Mantra-Spezialisten. Sie haben herausgefunden, dass während einer Mantra-Übung der Sauerstoffverbrauch um 16 Prozent geringer ist als im gewöhnlichen Wachbewusstsein, was gut für die Gesundheit ist.

Lange Listen von Mantren sind in jedem Uni-Institut für Indologie vorrätig. Die Listen kommen aus der Tradition des *Tantra*, einer indischen Heilsbewegung des sechsten Jahrhunderts unserer Zeitrechnung. In ihr spielte das Murmeln bestimmter Silben während geistlicher Übungen eine wichtige Rolle, etwa die Verbindung der Silbe *om* mit dem Dativ des Namens einer Gottheit. Im Lauf der Zeit entstand ein Schatz wirksamer Mantren, der zunächst mündlich, später auch schriftlich weiter gegeben wurde. Umgangssprachlich sind die Mantren längst bedeutungslos geworden, sie passen in kein indisches Idiom von heute. Für die »Transzendentale Meditation« ist das belanglos. Deren Ziel: Ruhe in den Gedanken.

17 Gebetsmühlen

Unruhige Geister, die mit Mantren nichts anzufangen wissen, können sich mit dem Erwerb einer kleinen Gebetsmühle trösten, erhältlich in Asiatica-Shops, frisch importiert aus Nepal. Wer das Ding in Bewegung setzt, hat schon gewonnen, denn die bloße Absicht, es in Gebrauch zu nehmen, gilt bereits als heilbringend. Dies deshalb, weil die Seele der kleinen Gnadenmaschine auf einem eingefügten Zettelchen steht: *Om mani padme hum.*

Om und *hum* gelten als so genannte Keimsilben sehr alten Ursprungs, die sich jedem Übersetzungsversuch entziehen. In der Gebetsformel der Mühle umrahmen sie die zwei Wörter *mani* und *padme* zum Lob des schönen Wesens aufgeblühter Seerosen, die nicht nur in Asien, sondern auch im alten Ägypten und Mesopotamien gottheitlich kodiert waren. Dementsprechend häufig erschien die Lotosblume auf Ornamenten, gab einer klassischen Meditationshaltung den Namen, ließ auf Malereien den unvergänglichen Buddha aus sich hervorgehen. Wem sie vor dem inneren Auge erschien, der war auf dem richtigen Weg.

Die Gebetsmühlen vom Dach der Welt widersetzen sich allen gelehrten Versuchen, die Natur des Betens zu definieren. Nach Indien kamen die Menschen bereits vor 60.000 Jahren, und ob sie das *Om* vielleicht schon aus Afrika mitgebracht haben, muss offen bleiben. Kein Tonband stand zur Verfügung, als ein Mensch zum ersten Mal sich seiner Endlichkeit bewusst wurde und ihr Ausdruck verlieh, indem er den Mund auftat und die Welt auf sich aufmerksam machte. Bis zu diesem Augenblick hatte es nämlich keine Welt für ihn gegeben, sondern lediglich Sinneswahrnehmungen und deren Organisation wie bei den Bienen.

Das passt gut zur Auffassung der indischen Theologen, die aus dem Om die Welt hervorgehen ließen. Sie zerlegten das Om in die Vokale A und U, mit dem Abschluss durch den Konsonanten M, welcher die staunende Mundöffnung-mit-Brustatmung im Kopf ausklingen lässt. Jedes Mal, dies die Pointe, wenn das Om intoniert wird, ereignet sich die Weltschöpfung mitsamt ihrer Beendigung. Dies ist der Grund für die Beliebtheit der Gebetsmühlen.

Hand in Hand mit solcher Praxis passiert die geduldige Schulung der Person zur unablässigen Wiederholung dessen, was ihren Einklang mit der Welt bewirken soll – nicht auf dem Zeitpfeil der Geraden, sondern durch die Drehung im Kreis, wie in der Übung der tanzenden Derwische.

18 Rosenkränze

In den Basaren und Souks des Nahen Ostens sind die Männer vor ihrer Kaffeetasse zu sehen, in den Händen eine Schnur aus 33 kleinen Kugeln, die sie durch die Finger gleiten lassen, gewohnheitsmäßig und spielerisch. An die 99 Namen Allahs müssen sie dabei nicht unbedingt denken. Hauptsache, es gibt sie, die Namen Gottes. Der wirksamste Name bleibt verborgen, er würde die Hundert voll machen. Hienieden ist das unmöglich.

Ihre Heimat haben die Schnüre der Andacht in Indien. *Aksa mala*, wie sie dort heißen, müssen nach der Regel fünfzig-und-eins aufgefädelt sein, wofür Perlen verwendet werden, aber auch Gold, Silber oder Sandelholz.

Im mittelalterlichen Europa orientierte sich die Volksfrömmigkeit ebenfalls an der Zahl 50, um mit der Hilfe von Vaterunser-Schnüren das tägliche Gebetsleben zu portionieren. In den katholischen Ländern blieb das Ave Maria beliebt, mit insgesamt 15 »Geheimnissen« aus dem Leben der allerseligsten Jungfrau vor dem inneren Auge der Betenden, nicht nur in Lourdes oder Fatima.

Der Anfang des Ave Maria ist biblisch, er wiederholt den Gruß des Engels an die Erwählte und den Zuruf der Mutter Johannes des Täufers beim Besuch Mariens. Ave Maria, gratia plena, Dominus tecum. Benedicta tu in mulieribus, et benedictus fructus ventris tui. Gegrüßt seist du Maria, voll der Gnade, der Herr ist mit dir. Du bist gebenedeit unter den Frauen, und gebenedeit ist die Frucht deines Leibes.

So gelangte das Ave Maria in die ältesten christlichen Liturgien Ägyptens und Syriens, dann über Rom zu den Franken und nach Irland. Dort wurde es von den Klosterbrüdern täglich 150 Mal wiederholt, mit ebenso vielen Kniefällen, wobei die Stirn den Boden berührte.

Im späten Mittelalter kam eine zusätzliche Bitte an die Gottesmutter in Übung, nach der Begrüßung: Sancta Maria, Mater Die, ora pro nobis peccatoribus, nunc et in hora mortis nostrae. Heilige Maria, Mutter Gottes, bete für uns Sünder, jetzt und in der Stunde unseres Absterbens.

Amen. Damit hatte ein schönes Gebet seine Form gefunden, die eine weibliche Note ins Heilsgeschehen brachte. Letzteres begann mit dem Besuch des Engels bei der Magd des Herrn und endigte mit der Krönung Mariens durch Gottvater und Sohn, nach ihrer Auffahrt zum Himmel. Dazwischen verlief alles nach Plan – die Geburt im Stall, der Jesusknabe unter den Schriftgelehrten des Tempels, die Leidensgeschichte des Erlösers und seine Auferstehung von den Toten. Das waren die Geheimnisse, dreimal fünf weiße, rote und gelbe Rosen, die dem Rosenkranz (*rosarium*) den Namen gaben, als freudenvolle, schmerzliche und glorreiche Gegenwarten jenseits von Raum und Zeit, während die armen Sünder unter dem Mantel der Himmelsmutter geborgen blieben.

Kein Wunder, dass Papst Gregor XIII. (gest. 1585) zum Dank für den Sieg der Spanier und Venezianer in der Seeschlacht von Lepanto über die Türken das Fest des allerheiligsten Rosenkranzes der seligen Jungfrau Maria für den 7. Oktober einführte, zur Feier des Jahrestages der muslimischen Niederlage. Gleichwohl ging der Kampf zwischen Allahgott und Maria weiter, bis 1917 ein neuer Feind auftauchte, diesmal in Russland mit der Oktoberrevolution, weshalb Maria im portugiesischen Fatima die Sonne tanzen ließ und die Gläubigen zum Rosenkranzgebet gegen den gottlosen Kommunismus aufforderte, unterstützt von den Päpsten. In katholischer Sicht wurde der Rosenkranz zur erfolgreichen Waffe gegen Andersgläubige und Atheisten. Offen bleibt, wie das Rosenkranzbeten mit dem gesichtslosen Kapitalismus umgehen soll. In Portugal hat sich nach dem Ende der Faschisten herumgesprochen, dass sich Linkswählen und Rosenkranzbeten gut kombinieren lassen. Ob der Himmel dabei mitspielt, muss abgewartet werden.

19 Litaneien

Von mystischen Phänomenen, die in seltenen Erleuchtungen gipfeln, unterscheidet sich das gewöhnliche Gebetsleben durch seine Beharrlichkeit beim Wiederholen dessen, was sich im Umgang mit den höheren Mächten als wirksam erwiesen hat. Das gilt für irische Mönche im Mittelalter (das vorige Kapitel) ebenso wie für asiatische Bauern von heute, die bei ihren Wallfahrten nach jedem Schritt auf die Knie fallen und mit der Stirn den Boden berühren, während ihre Gedanken und Lippen mit dem Unverfügbaren befasst sind. Wenn sie auf diese Weise den heiligen Berg Kailas umrunden, ändert sich die Richtung ihres Lebens.

In eine derartige Eintönigkeit kann das Vorbeten eine gewisse Abwechslung bringen. Dann werden die Jenseitigen beim Namen gerufen, schön der Reihe nach. Wie in der so genannten Allerheiligenlitanei, die ihre Dramaturgie dem vorchristlichen Prozessionswesen verdankt, bei dem während des rituellen Gehens die Anliegen vorgesungen wurden, derentwegen die Veranstaltung inszeniert war:

Von allem Übel! Von aller Sünde! Vom jähen Tod! Vom Zorn und Hass und allem bösen Willen! Von den Listen des Teufels! Vom Geist der Unzucht! Vom Blitz und Ungewitter! Von der Geißel des Erdbebens! Von Pest, Hunger und Krieg!

Befreie uns, befreie uns, befreie uns!

Wenn der Ätna wieder einmal nervös wird, wissen die Leute, was zu tun ist, wie vor tausend Jahren. Betend tragen sie ihren Dorfheiligen an die Stelle, wo der Lavastrom ihre Häuser bedroht, um ihn abzulenken. Manchmal gehorcht der Berg, manchmal nicht. Im günstigen Fall bekommt der Dorfheilige eine goldene Kette. Wenn er versagt, ist irgendein Fehler passiert, beim Vorbeten zum Beispiel. Von der Wahrung der Form kann nicht dispensiert werden, weil sonst die beste Litanei unwirksam wird.

Eben dies kann immer wieder passieren, wenn das Alte stürzt und die Zeiten sich ändern. Dann verlieren die kräftigsten Gebete ihre Macht über die Menschen und der Wind pfeift durch das leere Haus des Traums. Unerhörte Wünsche, kaum geahnt, wirr und gestaltlos, empfangen auf einmal Form und Gewand, öffnen die Türen, sehen aus den Fenstern, werden halbwegs Fleisch. Welche Töne sie komponieren werden, steht in den Sternen. Momentan sieht es so aus, als ob die Leute eher ins Fernsehen kommen möchten als in den Himmel.

Aus dem altchristlichen Klosterwesen stammt die Liste jener Versuchungen, von denen sich alle sündhaften Fehlhaltungen ableiten lassen: Hoffahrt, Geiz, Unkeuschheit, Neid, Unmäßigkeit, Zorn, Herzensträgheit. Die letztere stellt die größte Gefahr für das Gebetsleben dar.

20 Vaterschaftstests

Im alten römischen Recht galt der Grundsatz: *Pater semper incertus* – die Identität des Kindesvaters lässt sich nicht mit vollkommener Sicherheit feststellen. Mittlerweile gibt es gerichtlich anerkannte Vaterschaftstests; aber hundertprozentig sicher sind sie nicht. Über die Identität der Kindesmutter hingegen bestand und besteht – jedenfalls bei Geburten vor Zeugen – keinerlei Zweifel. Die Mutter-Kind-Beziehung erweist sich als fraglos, die Vater-Kind-Beziehung nicht.

Ein prominentes Beispiel für diesen Sachverhalt ist Martin Luther, der einen irdischen und einen jenseitigen Vater in Frage stellen musste, ehe er zum Reformator des abendländischen Christentums wurde.

Der Psychoanalytiker Erik Hamburger Erikson (gest. 1994) hat in seiner lesenswerten Charakterstudie des jungen Luther dessen Identitätskrise beschrieben, aus der er erst herausfand, als er seinem Gott verzeihen lernte, dass Er ein Vater war.

Als hilfreich erwies sich dabei, so Erikson, die Beziehung Luthers zu seiner Mutter, die ihm bereits im Säuglingsalter jenes »Grundvertrauen« vermittelte, ohne das die Reifung der Person problematisch wird.

Eben dieses Vertrauen verkörpert sich für Erikson in der Andachtshaltung des in der Hoffnung, erkannt zu werden, emporgewandten Gesichts betender Menschen. Als »tief erschrecktes Kind« sah sich der junge Luther beständig vom strengen Weltenrichter beobachtet. Das lächelnde Madonnengesicht war verschwunden.

Seine übersteigerten Ängste wurde Luther erst los, als er sich mit dem gottverlassenen Christus am Kreuz zu identifizieren begann und so beten lernte wie der Heiland in seiner Todesstunde. Mein Gott, warum hast du mich verlassen?

Wer so fragen gelernt hat, braucht in der Schule des Betens keine Angst vor dem Sitzenbleiben zu haben. Schlussendlich kann dann die Leiter, auf der empor gestiegen wurde, weggeworfen werden.

21 Fehltritte

Der Vergleich mit der Leiter, auf welcher die Seele zu Gott gelangt, ist in der einschlägigen Literatur über das geistliche Leben klassisch geworden. Angefangen damit hat ein bislang nicht identifizierter Autor, der um 500 n. Chr. herum schrieb und sich Dionysios Areopagites nannte, mit Berufung auf einen prominenten Verehrer des Apostels Paulus aus dem ersten Jahrhundert.

Tausend Jahre lang gehörten die Schriften des Areopagites zur Pflichtlektüre der Geistlichkeit beiderlei Geschlechts in den stillen Häusern des Gebets zwischen Syrien und Irland, wurden abgeschrieben, übersetzt und kommentiert. Dabei ging es um den Rückweg (griechisch *epistrophe*) aller Kreatur zur Eins (*hen*), aus der Alles hervorgegangen war, Engelchöre und Menschen, Tiere, Pflanzen und Steine, entsprechend den Sprossen einer kosmischen Leiter, die bis ins Dunkel hineinreichte, von dem Gott umgeben ist.

In seiner Theologie des Unsagbaren (*mystica theologia*) skizzierte Dionysios Areopagites drei Phasen, die im Prozess der Vergottung des Ich während der Rückreise zum Ursprung wichtig waren – Reinigung (*via purgativa*), Erleuchtung (*via illuminativa*), Einigung (*via unitiva*). In dieser rigorosen Deprogrammierung ging es um die Entwöhnung der Person von Reizüberflutung und innerem Monolog, um das Ertragen von Paradoxien und intellektuellen Sackgassen, um Geduld in heftigen Krisen, wenn sich das Ich gegen seine Zertrümmerung wehrte. Was beim Eintauchen in die Wolke des Nichtwissens alles schief laufen mochte, ließ der Aeropagite offen. Er befasste sich in seiner enthusiastischen und bisweilen überspannten Prosa lieber mit den neun Chören der seligen Geister als mit den Schwächen von Klosterleuten.

Letztere griffen deswegen nicht ungern zu den »Kapiteln des Tiefsinns« (*kephalaia gnostica*) des Evagrius Ponticus (gest. 399), der seine Traktate in einer Einsiedlerkolonie Ägyptens südwestlich von Alexandria verfasst und die Schwierigkeiten des engelgleichen Lebens genau kennen gelernt hatte. Seine Spruchsammlungen für Mönche und Nonnen eigneten sich zum Vorlesen während der klösterlichen Mahlzeiten, damit auch die Analphabeten unter den Weltflüchtlingen ihre Belehrung erhielten.

Doch damit nicht genug. Die Königsidee des Evagrius sprang über alle Klostermauern hinweg geradewegs ins

Gewissen der Christenheit. Der Wüstenphilosoph hatte erkannt, dass die Sünde im Gedanken ist. Ob der Körper ihn nachspielte, war Nebensache.

Selbst auf der obersten Sprosse der Himmelsleiter konnte es passieren, dass ein in Ehren ergrauter Einsiedler die Anwandlung verspürte, sich selbst ob seiner Erfolge als Athlet Christi zu gratulieren. Das war die Versuchung zur Hoffahrt (*superbia*). Falls sie nicht sofort erkannt und abgewehrt wurde, musste der Mensch zurück an den Start.

Besonders gefährlich war die Zeit nach Mittag, wenn der Asket schläfrig wurde und sich bei der Vorstellung ertappte, eine junge Frau vom nächsten Dorf käme zu ihm, mit kecken Augen und einem Körbchen Datteln für den einsamen Mann. Das war die Versuchung zur Unkeuschheit (*luxuria, fornicatio*).

Und so weiter. Evagrius zählte die wichtigsten Anwandlungen (*genikotatoi logismoi*) dieser Art säuberlich auf, zur Orientierung für die Gottgeweihten, und versäumte nicht, sie besonders vor der schlimmsten Anfechtung aller Religiosität zu warnen, der so genannten *akedia*.

Im Griechischen bedeutete das Wörtlein ursprünglich soviel wie Sorglosigkeit, eventuell auch Gleichgültigkeit oder Überdruss. Im Mikrokosmos der einsamen Zellen unter der Sonne Ägyptens und Syriens wurde daraus der Fachausdruck für eine Seelenverfassung, ansteckend wie eine Infektionskrankheit, die aus frommen Betern melancholische Zweifler machte.

Was all jenen droht, die an Herzensträgheit leiden, ist von einem weiteren Meister der monastischen Introspektion ganz genau erklärt worden: Faulheit (*otiositas*), Rücksichtslosigkeit (*importunitas*), Rastlosigkeit (*inquietudo*),

Geschwätzigkeit (*verbositas*), Vorwitz (*curiositas*), Unverlässlichkeit (*instabilitas*). Dass damit hundert Prozent der nicht klaustrierten Bevölkerungen erfasst sind, versteht sich von selbst.

Im Unterschied zu den psychotherapeutischen Verfahren der letzten hundert Jahre waren die Gewissenserforschungen von einst moralisch hoch aufgeladen. *Ubique daemon* – überall lauerte der Teufel, auch in den heimlichsten Wünschen der Seele. Wer unvorsichtig mit ihnen umging, mit ihnen kokettierte und spielte, besonders wenn sie ganz harmlos daherkamen, öffnete der Sünde die Tür. Das galt auch für die Akedia, die sich vielleicht unter dem Vorwand eingeschlichen hatte, zehn Vaterunser weniger während des Morgengebets seien ein Zeichen für innere Reife. Höchste Wachsamkeit war daher für alle geboten, die beim Erklettern der Himmelsleiter nicht abstürzen wollten. Wer sich im Zweifel befand, ob ein guter oder ein böser Geist sich in ihm bemerkbar machte, wanderte zum Beichtvater oder Seelendirektor, der sich in der Unterscheidung der Geister (*discretio spirituum*) auskannte. Er wusste, dass am Beginn jeder Verstörung der Person eine Wahl des Bequemeren stattgefunden hatte. Für den Seelendirektor gab es keine Unschuldigen, auch wenn sie als Kranke daherkamen, als Melancholiker und Depressive, Choleriker oder Erotomanen. Zu helfen war ihnen nur dann, wenn sie sich als Sünder begriffen – ob auf dem Kaiserthron befindlich oder im Armenhaus.

Sie alle mussten einmal im Jahr zur Beichte, gesetzlich vorgeschrieben im November 1215 vom Vierten Laterankonzil in Rom. Das stillschweigende Prinzip, von dem sich die ehrwürdigen Väter leiten ließen, lautet: Sag alles!

Das Prinzip ist noch immer in Kraft, auch wenn die armen Seelen nicht mehr beichten gehen, sondern professionelle Hilfe in der Therapiestunde suchen, eventuell mit Unterstützung der Krankenkassen. Das dichteste Netz von behördlich zugelassenen Seelenheilern wird gegenwärtig in Zürich beobachtet, wo es seit 200 Jahren keinen Krieg mehr gegeben hat.

22 Enttäuschungen

Angesichts der zahlreichen Zusagen des biblischen Gottes an die Menschheit, von denen keine einzige in Erfüllung gegangen war, drehte die französische Philosophin Simone Weil (gest. 1943) den Spieß um und schrieb: Gott wartet wie ein Bettler, der reglos und schweigend vor jemandem steht, der ihm vielleicht ein Stück Brot geben wird. Gott und die Menschheit sind wie ein Liebender und eine Geliebte, die einem Irrtum über den Ort der Verabredung erlegen sind. Unbeweglich steht der Liebende da, festgenagelt für alle Zeiten. Die Geliebte ist ungeduldig. Wehe ihr, wenn sie genug hat und davongeht.

Letzteres ist oft passiert, zum Beispiel in der arabischen Hafenstadt Al-Qatif (heute Saudi-Arabien), wo der dortige Scheich Abu Tahir im Jahr 931 n. Chr. vor versammeltem Volk diesen Ausspruch tat: Wir sind alle Esel gewesen! Alle Religionen, denen wir bisher anhingen, sind null und nichtig, und alles, was euch immer wieder von Gott erzählt worden ist, war gelogen, all das Gerede von Moses und Jesus und Mohammed. Das sind allesamt Schwindler und Betrüger.

Ein Jahr vorher, am 11. Januar 930, hatte Abu Tahir mit seinen berittenen Beduinen die heilige Stadt Mekka überfallen, zu Beginn der alljährlichen Wallfahrtszeremonien, und unter den Pilgern ein Blutbad angerichtet. Die Kaaba, das Andachtszentrum aller Muslime, wurde geplündert. Neben anderen Kostbarkeiten stahlen die Wüstensöhne das Ohrgehänge der Mutter Christi und den Stab des Moses, brachen den hoch verehrten Schwarzen Stein aus der Mauer der Kaaba, luden sogar die Türflügel des Gotteshauses auf ihre Kamele. Die Nachricht von dem Frevel verstörte die muslimische Welt bis Samarkand und Cordoba. Als Abu Tahir dann seine Lästerung von den drei Menschheitsbetrügern in die Welt setzte, war er bereits berüchtigt. Alsbald begann seine Blasphemie zu zirkulieren, zunächst unter den Muslimen, hernach im gesamten Mittelmeerraum, bis ins christliche Tournai an der Schelde, wo ein Kanonikus das Spottwort zitierte. Auch im päpstlichen Hof war es bekannt, und geriet so in ein Schreiben des Papstes aus dem Jahr 1239 gegen Friedrich II. von Hohenstaufen, und zwar als Beschuldigung, der Kaiser habe das Sprüchlein erfunden. Friedrich stritt ab, und hernach schwiegen die Akten der Geschichtsschreibung für eine Weile. Lediglich unter den europäischen Intellektuellen hielt sich das Gerücht von einem frevelhaften Buch, das heimlich weiter gereicht worden sei, unter dem Titel *De tribus impostoribus*, Über die Drei Betrüger. Vermutet wurde, dass Boccacio der Autor des Pamphlets gewesen sei; auch Rabelais und Giordano Bruno wurden neben anderer Prominenz aus der gelehrten und literarischen Welt als Autoren jenes Buches genannt, das niemand in der Hand gehabt hatte, bis es tatsächlich auf dem Tisch lag, erstmals gedruckt anno 1719 auf Französisch, anonym selbstverständlich und in einer Auflage von 300 Stück, welche kaum unter die Leute kamen, weil der Großteil der Exemplare von einem gewissen Prosper Marchand den Flammen übergeben wurde. Einer Neuauflage von 1768, erschienen in Amsterdam, erging es besser, und heute ist der Traktat über die Drei Betrüger mit einem gelehrten Kommentar im Buchhandel erhältlich, als Bettlektüre für Glaubenszweifler.

Diese sind aufgefordert, die Heilsbotschaften der drei Abrahamsreligionen als Täuschung aufzufassen und lieber den gesunden Menschenverstand walten zu lassen.

23 Flügelbildungen

Alle Erkenntnis ist Niederschlag einer Enttäuschung. Der Publizist Theodor Lessing (gest. 1933), von dem dieser wuchtige Satz stammt, flüchtete im März 1933 vor den Nazis in die Tschechoslowakei. Wer ihn nach Deutschland zurückbringe, schrieben einige Zeitungen, habe Anspruch auf eine Prämie von 80.000 Reichsmark. Lessing wurde im August 1933 von einem Attentäter in Marienbad erschossen. Als Jude und Sozialist hatte er kein leichtes Leben gehabt und sich als Journalist und Privatdozent für Philosophie an der Technischen Hochschule Hannover über Wasser gehalten. Seine rigorose Kritik an der herkömmlichen »Geschichteschreibung« erschien kurz nach dem Ersten Weltkrieg, den der Autor im Sanitätsdienst durchlitten hatte. Geschichtsschreibung, so Lessing, findet den Sinn der Welt nicht vor, sie gibt ihn. Verfasst wird sie stets von Siegern, die als »Lebengebliebene« über Tote schreiben.

Weniger streng war Lessing zu »hohen Menschen« wie Sokrates, Budda, Moses, Jesus. Weil sie keine geschriebenen Worte hinterlassen haben, »strahlen sie klar durch die Jahrtausende«, wie Lessing es ausdrückte. Der rüde Ton des Traktats über die Drei Betrüger hatte sich im Lauf des so genannten Zeitalters der Vernunft, einer Epoche frühreifer Kinder, etwas abgenützt.

Der wie Lessing an Marx und Lenin orientierte Ernst Bloch (gest. 1977) fand seinerseits keinen Grund zur Abschätzigkeit in seinen religionsphilosophischen Abhandlungen. Er sprach in diesem Zusammenhang lieber von ungeheuren Flügelbildungen der Menschheit – wechselnden Flügelbildungen, auch einander unverträglichen, auch solchen mit ganz offenbaren Narrenparadiesen. Doch das Wohin der Flugversuche blieb für Bloch durchaus bedenkenswert. Von Moses, Jesus, Mohammed wie über Scharlatane zu schreiben, kam Bloch deshalb nicht in den Sinn, weil er die unvermeidliche Ermattung auch der kühnsten Aufschwünge bedacht hatte. Zur Hoffnung gehört (wie gesagt, oben Kapitel 10), dass sie enttäuscht werden kann. Eben deshalb werden immer wieder Hände gefaltet, auch in der Todesstunde, vor der schwersten Niederlage allen Lebens.

Wie der Hirsch an der Quelle

Der renommierte Zoologe Sir Alister Hardy (Universität Oxford) gewann im März 1985 den Preis der Templeton Stiftung für den Fortschritt in Religionsangelegenheiten, dotiert mit 185.000 Dollar. Der Gelehrte hatte 1969 eine Forschungsstelle für naturwissenschaftliche Studien auf dem Gebiet religiöser Erfahrungen eingerichtet. 1979 veröffentlichte Hardy eine Zwischenbilanz seines Vorhabens, die Auswertung von 3.000 Antworten auf die Frage nach der erlebten Gegenwart einer Kraft jenseits des Alltagsbewusstseins. Die spirituelle Natur des Menschen ist real, schrieb Hardy. Er starb im Juni 1985, sein Studienzentrum übersiedelte im Juli 2000 nach Lampeter (Universität Wales) und steht unter der Patronage von hochrangigen Persönlichkeiten wie dem Erzbischof von Canterbury und dem Dalai-Lama.

24 Ein Gebet für Atheisten

Nach dem Studium der Ergebnisse seines Forschungsprojektes über religiöse Erfahrung, meinte Professor Hardy von der Universität Oxford im Jahr 1979, könnten Agnostiker oder Atheisten einen Selbstversuch probieren, für die Dauer von wenigstens sechs Monaten, und im Ernst: Sie müssten sich lediglich zur täglichen Verrichtung eines Gebets bequemen, dessen Einleitung mit Bedacht eher kindlich formuliert war:

Gott, falls es einen Gott gibt, hilf mir, dich zu finden. Hilf mir, sobald ich dich gefunden habe, die Kraft und den Mut aufzubringen, deinen Willen zu erfüllen, so wie ich ihn empfinde.

Durch den Fortschritt des naturwissenschaftlichen Denkens, fügte Hardy hinzu, ist die Kenntnis von den tieferen Verankerungen menschlicher Existenz in Misskredit geraten. Es sei an der Zeit, einer Art von experimentell begründetem Glauben auf die Beine zu helfen.

Als Zoologe war Hardy für Tiere zuständig. Nach seiner Emeritierung fand er Zeit, ein lang gehegtes Interesse an der Spezies Mensch professionell in Angriff zu nehmen, näherhin die menschliche Besonderheit, »transzendentale Erfahrungen« (*transcendental experiences*) zu machen. Für den Gelehrten war das keine Grenzüberschreitung, sondern ein Beitrag zur Human-Ökologie, der biologisch orientierten Erkundung menschlichen Verhaltens in Beziehung zur Umwelt, zum Beispiel zur Church of England. Mein Herz hängt an ihr, gestand Hardy, aber nicht mein Verstand. Sie hat, wie alle christlichen Glaubenssysteme, keine Zukunft.

Bessere Chancen räumte Hardy jener Programmierung der religiösen Tiere ein, die ihnen den Kontakt zu immateriellen Universen ermöglichte, in denen Engel herumflogen. Selbstverständlich wurde gespöttelt, Hardy habe die Absicht, mit seinem Schmetterlingsnetz einen Engel zu fangen.

Ansonsten kümmerten sich die Biologen kaum um religiöse Fragen. Bereits Charles Darwin hatte eine Einladung des Erzbischofs von Canterbury zu einer Konferenz über die Frage einer Harmonisierung von Wissenschaft und Religion abschlägig beschieden. Sein Verhältnis zu Gott war nach dem frühzeitigen Tod seiner Tochter gegen Null gegangen.

25 Lustige Tage

Während Professor Hardy noch an der Formulierung seiner berühmten Frage feilte, war die Antwort auf sie bereits erteilt, im Jahr 1967 vom Hippie-Heiland Timothy Leary (gest. 1996), in einem Interview mit der BBC: Der LSD-Trip ist eine religiöse Pilgerfahrt.

Die Rauschdroge LSD, entdeckt 1938 von dem Schweizer Chemiker Albert Hofmann (geb. 1906) in den Forschungslabors der Arzneimittelfirma Sandoz (Basel), war um 1960 herum zum heißen Tipp in der studierenden Jugend der USA geworden. Leary, damals noch als Psychologie-Assistent an der Universität Harvard tätig, durfte 1960 in Cuernavaca (Mexiko) sieben Blätterpilze der Gattung Psilocybe verzehren, die er von einem mexikanischen Kollegen bekommen hatte. Während der nächsten fünf Stunden, schrieb Leary, wurde ich durch die tiefste religiöse Erfahrung meines Lebens gewirbelt.

Die zweitausend Jahre alte Kulturgeschichte der heiligen Pilze Mexikos war damals bereits bekannt, ebenso deren chemische Eigenschaften, die jenen des LSD verwandt sind. Ich habe, fuhr Leary fort, dieses biochemische und für mich sakramentale Ritual seither mehr als fünfzig Mal wiederholt und bin immer wieder von religiösen Offenbarungen überwältigt worden, wie beim ersten Mal.

Im Jahr 1963 musste Leary den Lehrkörper der Universität Harvard verlassen. Seine Vorgesetzten waren nicht damit einverstanden, dass die Testserien Learys mit LSD zu Partys geworden waren, in die sich die Studenten drängten. Aus den Partys wurden Camps, Eintritt 4 Dollar, woselbst Leary im weißen Pyjama erschien und seine Maxime verkündete: Turn on, tune in, drop out.

Die Parole fiel auf empfänglichen Boden. Im Nachhinein erinnern die Sechzigerjahre des vorigen Jahrhunderts an den Anfang eines mährischen Volksliedes: Jetzt kommen die lustigen Tage. Ferner: Und im Sommer, da blüht der rote, rote Mohn.

Aus der Kapsel des Schlafmohns (Papaver somniferum) kommt das Heroin. In Millionen Fällen war es das Ende vom Lied.

26 Frisches Rattenhirn

In den Blutkreislauf amerikanischer Jugendlicher gelangte das Heroin während des Vietnamkriegs, als eine halbe Million demoralisierter US-Soldaten mit dem weißen Pulver bekannt wurde, bedient von den Chiu-Chau-Syndikaten Hongkongs und Bangkoks. Ein Sechstel der Männer wurde abhängig und benötigte den Stoff auch nach der Rückkehr in die Heimat. Der Markt wuchs schnell, denn auch die Blumenkinder kamen auf den Geschmack, und bereits 1972 musste die Nixon-Administration 6 Millionen Dollar für die Suchtforschung locker machen, im Rahmen der Drogenbekämpfung.

Das Geld fand seinen Weg auch in die Johns Hopkins Universität (Baltimore), wo die Dissertantin im Fach Biomedizin Candace M. Pert eben einen Studienplatz ergattert hatte. Sie musste lernen, Ratten aus den Käfigen der Versuchsstationen kunstgerecht zu köpfen und ihr Hirn möglichst rasch in eine vorbereitete Lösung zu befördern. Zweck der Übung war die Suche nach einer Art von Schlüsselloch in der Tür zum Heroinhimmel, dem so genannten

Opiatrezeptor – eine Station in der äußeren Membran von Nervenzellen für den Empfang der Signale von Opiaten und deren Weiterleitung in die Zelle.

Nach Monaten frustrierender Tests ohne Ergebnis erlebte Frau Pert im Oktober 1972 einen glücklichen Tag, weil sie endlich ihren Winzling gefunden hatte, in den Reagenzfläschchen mit dem Rattenhirn auf ihrem Labortisch. Von nun an spielte sie in der Spitzenliga der Hirnforschung. Die Chiu-Chau-Syndikate arbeiteten unterdes an der Erschließung neuer Märkte für den Heroinhandel in Europa und Australien. Gegen die Molekularchemiker in den Labors der Pharmakonzerne und an renommierten Universitäten sind die Chiu-Chau allerdings langfristig chancenlos. Die Chemiker konstruieren jedes Jahr Hunderte psychoaktiver Verbindungen. Wenn die Gesundheitsbehörden einverstanden sind, kommen manche davon in die Apotheke, auf ärztliche Verschreibung.

27 Angebote aus dem Pflanzenreich

Weil auch Ratten und Meerschweinchen über Opiatrezeptoren (das vorige Kapitel) verfügen, wie alle Säugetiere einschließlich der Menschen, legt sich die Frage nach dem entwicklungsgeschichtlichen Alter der Rauschdrogen und ihrer Verwendung nahe. Die halluzinogenen Champignons, denen Timothy Leary seine Erleuchtung verdankte (Kapitel 25), gab es bereits vor 600 Millionen Jahren.

Dann kamen die Blütenpflanzen, was wiederum die Säugetiere freute, die vor 200 Millionen Jahren zu grasen begannen und sich Opiatrezeptoren zulegten. Warum sie das taten, bleibt vorläufig eine interessante Frage ohne bündige Antwort.

Beobachtet wurde lediglich, dass junge Paviane in Afrika gern an den Blüten wilder Tabakpflanzen saugen. Ansonsten ist den Affen nur in der Gefangenschaft das Rauchen beizubringen, im Gegensatz zu den Menschen, die den Tabak seit 8.000 Jahren kultivieren. Eins zu Null für die Affen.

Sicher ist, dass nur die Gattung Homo sapiens ein scharfes Auge für bestimmte Angebote aus dem Pflanzenreich entwickelte – für Weintrauben und Kokablätter, Mohnkapseln und Stechäpfel, indischen Hanf, Tabak, Tee und Kaffee. Keine Zivilisation ohne Rauschmittel. Für Menschen war und ist der Alltag ohne gelegentliche Unterbrechung offenbar unerträglich. Im Zoo der veränderten Wachbewusstseinszustände, wie sie im Fachjargon genannt werden, sind auch göttliche Wesen zu besichtigen, der griechische Dionysos beispielsweise, dem der Wein heilig war. Pharmakologie und Religionswissenschaft arbeiten unter einem Dach. Professor Hardy (oben Kapitel 24) wusste das. Er schrieb: Es sollte uns nicht beunruhigen, dass veränderte Wachbewusstseinszustände durch chemische Substanzen produziert werden können; die Chemikalien wirken vielmehr in einer Weise auf das Hirn, dass dessen unbewusste Regionen zugänglich werden und mystische Anlagen freigeben.

Gemeint war damit nicht das sechste Bier im Pub, sondern die Beschreibung exquisiter Erlebnisse nach Einnahme von vier Zehntelgramm Meskalin durch den Schriftsteller Aldous Huxley (gest. 1963), der sich im Frühjahr 1953 in Kalifornien als Testperson zur Verfügung gestellt hatte.

Der Stoff, den Huxley in Form eines wasserlöslichen Pulvers schluckte, stammte wie die heiligen Champignons des Timothy Leary aus Mexiko, war aus einer dort vorkommenden Kakteenart gewonnen und längst synthetisiert worden. Im Gegensatz zu Leary, der von den Pilzen nicht genug bekommen konnte, verzichtete Huxley auf eine Wiederholung des Experiments, obwohl das Meskalin nicht süchtig macht. Für den alltäglichen Gebrauch, schrieb Huxley, hat es immer chemische Rauschmittel gegeben. Der Drang zur Flucht aus seinem Selbst und seiner Umwelt ist in fast jedem Menschen fast jederzeit vorhanden. Das Ideal wäre, dass jeder Mensch mit Hilfe von Religion zur Selbsttranszendenz gelangen könnte. Die Verwendung toxischer Substanzen für religiöse Zwecke ist außerordentlich weit verbreitet.

So gesehen bot das Meskalin die einmalige Chance, einen harmlosen und bequemen Blick in die Welt der Mystiker tun zu dürfen, ohne sich den Mühen ihrer lebenslangen Suche aussetzen zu müssen, also ohne Fasten und Beten. Zu einer Empfehlung, das Meskalin als Geschenk zur Konfirmation bzw. Firmung christlicherseits einzusetzen, ließ sich Huxley gleichwohl nicht hinreißen.

Unter Muslimen, Christen und Juden ist der Vorbehalt gegen jegliche Ekstatik, ob mit oder ohne Drogen, stets selbstverständlich gewesen. Ausnahmen bestätigen die Regel. Eher seltsam zum Beispiel scheint es in einer Art von Kloster für die Übung in heiliger Raserei zugegangen zu sein, um 1000 vor Christus herum, zwei Gehstunden von Jerusalem. Der Vorsteher, Schmu-el mit Namen, ein Gottesläufer von hohem Rang, hatte Kontakt mit dem Ewigen und musste dessen Botschaften verkünden. Schmu-el salbte den Mann Scha-ul zum ersten König in Israel, und der fand einen Grund, Soldaten in den Ort Rama zu schicken, wo Schmu-el seine Schule hatte. Die Soldaten sollten jenen David verhaften, der später zum König in Israel aufstieg. Er hatte sich zu Schmu-el geflüchtet. Die Kriegsknechte, so der biblische Bericht, platzten ins Kloster, wo eben geübt wurde, und gerieten prompt in Verzückung. Zwei weiteren Kommandos, die Scha-ul in Marsch setzte, erging es ebenso, bis sich der König in eigener Person aufmachte, um David in Gewahrsam zu nehmen. Kaum in Rama angelangt, fährt die Erzählung fort, geriet auch Scha-ul in den Taumel, riss sich die Kleider vom Leib und blieb schließlich nackt liegen, einen Tag und eine Nacht lang. Deshalb pflegte man in Israel zu sagen: Ist euch Scha-ul unter die Nebi-im gegangen?

Wie es die Nebi-im (= Wahrsager, Propheten) anstellten, in Trance zu geraten, wird nicht erwähnt. Von den Derwischen, die in dieselbe Klasse gehörten, ist zu erfahren, dass sie 2.000 Jahre später gelegentlich eine Haschisch-Tinktur mit Wein vermischt tranken, wenn der Mokka nicht stark genug war. Ansonsten predigen die drei Abrahamsreligionen Nüchternheit vor Gott, zur Erinnerung an die Sintflut, nach deren Ende Noach die Weinrebe pflanzte und berauscht im Zelt angetroffen wurde, mit entblößten Hoden. Die Warnung blieb wirksam. Das Wiener Abkommen von 1988, beschlossen von der UNO, ächtete alle illegalen Substanzen inklusive der Halluzinogene und Aufputschmittel. Der Erfolg lässt auf sich warten.

Der biblische Horror vor Rausch und Entgrenzung mutierte im frühneuzeitlichen Hexenwahn zu einer europäischen

Fahndungsaktion sondergleichen. Das Besenschmalz der Nachtfahrenden geriet unter obrigkeitlichen Verdacht, zum Teufelsdienst zu verleiten, was von den Hexen auch gestanden wurde, unter der Folter. Die Hexenverfolger rekrutierten sich aus den geistlichen und wissenschaftlichen Eliten um 1600 nach Christi Geburt. Auf ihr Konto kommen rund 50.000 Hexenverbrennungen zwischen 1560 und 1630, die Hälfte davon in Deutschland. Ausgemerzt werden sollten die Trägerschichten einer vorchristlichen Religiosität, die von Taufwasser nicht erreicht worden waren. Heiler und Heilerinnen, Hebammen, Zauberkundige beiderlei Geschlechts, Kräuterweiber, Schmiede, Scharfrichter lebten in anderen (und älteren) Orientierungsweisen als Juristen und Kleriker, die Vertreter der Schriftkultur.

Siegreich in dieser Kampagne blieben die Rauschmittel, hergestellt von kommerziell betriebenen Destillerien für Branntwein ab dem 16. Jahrhundert. Im 17. Jahrhundert wurden erstmals Tabak und Kaffee importiert. Ab 1800 hatten Rausch und Religion einander nichts mehr zu sagen. Timothy Leary war um 500 Jahre zu spät auf die Welt gekommen.

28 Ein hartnäckiges Gerücht

Gleichwohl hielt sich das Gerücht, die Menschen stünden den Engeln näher als den Tieren. Das erlebte der schwedische Bergwerksassessor Emanuel von Swedenborg (gest. 1772) am eigenen Leib, als er Mitte April 1745 während des Mittagessens in einem Londoner Speisehaus von einem Engel ermahnt wurde, seinen Appetit mehr im Zaum zu halten. In der folgenden Nacht erschien Gott der Herr persönlich am Bett des Ingenieurs, thronend in Purpur und Glanz, mit der Mitteilung, Swedenborg sei erkoren, der Menschheit den tieferen Sinn der heiligen Schrift aufzuschließen. Hernach wurde Swedenborg in der Alten und Neuen Welt hoch berühmt, veröffentlichte zwanzigtausend Seiten Gedrucktes über seinen Umgang mit Engeln und seligen Geistern, blieb dabei frisch und gesund bis ins hohe Alter, ein geselliger und liebenswürdiger Zeitgenosse. Den großen Brand von Stockholm 1759 schilderte er seiner Umgebung in allen Details, fünfhundert Kilometer entfernt von der Katastrophe, was einige Tage später bestätigt wurde, als der reitende Bote aus der Hauptstadt in Göteborg eingetroffen war.

Die vom Herrn durch die Apostel gegründete Kirche, schrieb Swedenborg, ist gegenwärtig so zerrüttet, dass kaum noch einige Überreste von ihr vorhanden sind. Ab 1757, diesbezüglich war Swedenborg ganz entschieden, hatte man im Himmel vom Christentum Abschied zu nehmen begonnen. Angesagt war ein letzter und definitiver Akt, den Swedenborg »Neue Kirche« nannte. Von da bis zum »New Age« des englischen Kupferstechers und Dichters William Blake (gest. 1827) war es nicht weit.

Der letzte Akt, dies die Pointe des eher querköpfigen Blake, der erst nach seinem Tod von den Museen entdeckt wurde, vollendete einen Umlauf des Zeitenrads und brachte die Menschheit in den Garten Eden zurück. Wo Luther endigt, fängt Adam wiederum an, steht auf einer der hundert Druckplatten für die Serie »Jerusalem« eingraviert. Der Künstler sah bereits als Knabe einen Baum voller Engel, deren helle Schwingen jeden Zweig mit Sternen besetzten.

Mit diesem Erlebnis gehörte Blake, zusammen mit Swedenborg, zur Avantgarde einer neuen Spiritualität, die im Revolutionsjahr 1848 mit Klopfgeräuschen und tanzenden Tischen zur Massenbewegung wurde. Der erste Propagandist des Verkehrs mit den Geistern der Verstorbenen, Andrew Jackson Davis (gest. 1910), bezeichnete Swedenborg als seinen ersten jenseitigen Mentor, obwohl er nie eine Zeile von ihm gelesen hatte.

Das Credo der Spiritualisten, verfasst von Mary Baker Eddy (gest. 1910), Gründerin der Religionsgemeinschaft für geistiges Heilen »Christian Science« geht so: Alles ist Geist (mind). Geist (spirit) ist unsterbliche Wahrheit. Materie ist sterblicher Irrtum. Geist ist das Reale und Ewige; Materie ist das Unwirkliche und Zeitliche.

Die Christian Science wuchs rasch und wird zur Zeit auf mehrere Millionen Mitglieder in 3.000 Zweigkirchen geschätzt. Im Zentrum ihrer sonntäglichen Gottesdienste steht die Allmacht des Geistigen.

In ein derartiges Geistprinzip lässt sich vieles packen – Gott und seine Engel, die Geister Verstorbener, ewige Wahrheiten und Naturgesetze. Deshalb fand auch der eine oder andere Nobelpreisträger Gefallen am universalen Geist. Probleme gibt es allenfalls beim Vergleich der kräftigen Gebete von einst mit dem Versuch des Professor Hardy, auch Atheisten das Beten zu lehren (oben Kapitel 24). Lieber Gott, wenn es dich gibt, hilf mir dich zu finden.

Gottes Antwort auf eine solche Zumutung ist in der Apokalypse nachzulesen. Wärest du doch kalt oder heiß. Weil du aber lau bist, will ich dich ausspucken aus meinem Munde.

29 Gottes Antlitz

Wie der Hirsch nach der Quelle, so verlangt meine Seele nach Gott.

Dichterische Übertreibung? Ihr Verfasser beschreibt seine Gefühle »im Jordanland«, wohin es ihn verschlagen hat, mit den Bergen des Hermon in Sichtweite, weit weg vom »herrlichen Zelt«, in das er früher einziehen durfte unter Jubel und Lobgesang, vielleicht als Tempelsänger in Jerusalem. Ausgedrückt werden soll jedenfalls, durch den Vergleich mit dem Hirsch, der ohne Wasser verenden müsste, dass der Wunsch »nach Gott« keine Lappalie ist, sondern eine höchst notwendige Angelegenheit, bei der es um Leben und Tod geht.

Wo bleibt nun dein Gott?

Bei Tag und bei Nacht, unter Tränen, vernimmt der Autor diese höhnische Frage, wie einen Schrei aus dem Abgrund der Trostlosigkeit. In dieser Lage kippt die Metaphorik des Wassers ins Bedrohliche, tosende Katarakte gehen über den Verzweifelten hinweg, sie rufen einander etwas zu, womöglich mit der Stimme Gottes. *Abyssus abyssum invocat in voce cataractarum Tuarum.* Ein Abgrund ruft den anderen an mit der Stimme Deiner Katarakte. Auch die lateinische Übersetzung des Hieronymus hat den Inhalt all des Getöses nicht mitbekommen.

Sobald ich des Einzugs gedenke ins herrliche Zelt.

Der 42. Psalm ist kein Gebet, sondern eine Klage. Trösten darf sich der Autor gleichwohl in der Erinnerung an einstiges Beten unter Gleichgesonnenen. Er wird nur dann aufleben, wenn er wieder ungeniert beten darf – wie ein Süchtiger, der gegen seinen Willen auf Entzug gesetzt worden ist.

Wann darf ich kommen und schauen das Angesicht Gottes? Die letzten zweieinhalbtausend Jahre sind am 42. Psalm spurlos vorübergezogen. Das Problem, dem er Ausdruck verleiht, ist zeitlos. Übersetzungsschwierigkeiten bereitet lediglich eine rätseldunkle Redewendung, die dem Autor offenbar geläufig war, späteren Generationen jedoch fremd wurde – das Sprachspiel mit dem maßlosen Wunsch, Gott ins Gesicht blicken zu dürfen.

Im biblischen Buch des Berichts von der Flucht aus Ägypten muss Moses zur Kenntnis nehmen, dass er Gottes Antlitz (*panim*) nicht sehen darf. Kein Mensch sieht mich und bleibt am Leben, sagt Gott. Und fährt fort: Siehe bei mir ist ein Platz, da magst du dich auf den Felsen stellen. Wenn dann meine Herrlichkeit (*kabod*) vorübergeht, will ich dich in die Höhlung des Felsens stellen und meine Hand über dich decken, bis ich vorüber gegangen bin. Wenn ich meine Hand zurück ziehe, wirst du meine Rückseite sehen. Mein Angesicht darf man nicht sehen.

Solch umständliche Vorkehrungen verblüffen deshalb, weil wenige Zeilen vor dieser Passage zu lesen ist, dass Gott mit Moses »von Angesicht zu Angesicht« redete, wie jemand mit seinem Freunde spricht. Außerdem wird erzählt, dass sich Gott dem Moses, dem Aaron und weiteren siebzig »Ältesten« im Gebirg gezeigt habe. Sie schauten den Gott Israels, heißt es ausdrücklich, und unter seinen Füßen ein Gebilde wie aus Saphirplatten und glänzend wie der Himmel. Dies wäre deshalb möglich gewesen, wird hinzugefügt, weil

Gott seine Hand nicht gegen sie ausgestreckt habe. Laut Auskunft der einschlägigen Forschung gehört diese Stelle zum ältesten Bestand der Moseserzählungen.

Auf einen Übersetzungsfehler hingegen gehen die Hörner zurück, die dem Moses aus dem Kopf wuchsen, in der Vulgata des Hieronymus, die auch Michelangelo gekannt hat, ehe er seinen Moses aus dem Marmor befreite. Im hebräischen Original nämlich »strahlte« das Gesicht des Gottesmannes, als er vom Berg Sinai herunterkam, mit den Tafeln des Zeugnisses in der Hand. Da fürchteten sich die Israeliten, heißt es weiter, dem Moses in die Nähe zu kommen, weshalb er eine Hülle über sein Antlitz getan habe.

Auch das Gesicht jenes Jeschu, des Zimmermanns Sohn, der ans Kreuz kam, habe gestrahlt, so ist zu erfahren, als er auf dem Berg Tabor vor den Augen dreier Apostel zu einer Lichtgestalt wurde, gemeinsam mit Moses und Elias.

Wenn das Taborlicht zur Erklärung des Wunsches bemüht wird, das Antlitz Gottes schauen zu dürfen, dann ist eine visionäre Ekstase gemeint. Wer etwas Derartiges erlebt hat, vergisst es nie und lässt Einwände gegen den Realitätsgehalt der Entraffung nicht gelten. Er oder sie befindet sich damit in der Gesellschaft von Moses, Jesus und Mohammed, allerdings auch unter Nervenkranken mit religiösen Wahnvorstellungen.

Ungefährlicher ist die Vermutung, der Verfasser des 42. Psalms habe sich nach dem Tempel in Jerusalem gesehnt, woselbst – bildlich gesprochen – die Frommen Gott unter die Augen treten duften, wie in einer Audienzhalle.

Kultische und ekstatische Erfahrungen allerdings, diesbezüglich war Professor Hardy schon auf dem richtigen Weg, gehören in den umfassenden Zusammenhang der spirituellen Biologie des Menschen.

Um ihr Ausdruck zu verleihen, wählte der Autor des 42. Psalms den Stil heftiger Klage, der Trauer über den Schmerz eines Daseins, dessen wichtigster Wunsch nicht erfüllt wird.

Der Wunsch, dunkel wie er ist, lässt sich gleichwohl nicht beirren. Sein Gegenstand spottet jeder Beschreibung. Deshalb war es eine gute Idee der Juden, den ultimativen Gottesnamen zwar schriftlich festzuhalten, aber nie in den Mund zu nehmen. Was dann bleibt, sind Schreie ohne bestimmte Richtung, überlagert vom kosmischen Rauschen.

Hauptsache Gesundheit

Auf dem Berg Petsofas am Ostende von Kreta wurden tönerne Nachbildungen menschlicher Gliedmaßen ausgegraben, teilweise durchbohrt, um sie aufhängen zu können. Der Fund stammt aus der Zeit um 2000 v. Chr. und stellt den ältesten Beleg für den Brauch dar, an bevorzugten Orten Heilung von allen möglichen Gebrechen zu suchen. Die Votivgaben wurden an Ort und Stelle hinterlegt, zum Dank für eine verschwundene Geschwulst oder eine behobene Lähmung.

30 Dem Asklepios einen Hahn

Nach Platons Bericht trank Sokrates (gest. 399 v. Chr.) den behördlich anbefohlenen Giftbecher gegen Sonnenuntergang, nach einem Bad, um den Frauen die Reinigung seines Leichnams zu ersparen. Dann ging er, wie ihm gesagt worden war, so lange auf und ab, bis er merkte, dass ihm die Schenkel schwer wurden, und legte sich gerade hin, auf den Rücken. Die anwesenden Freunde, an die zwanzig Männer, schwiegen. Sokrates hatte sie gebeten, ihre Tränen zurückzuhalten. Als ihm der Unterleib fast ganz kalt war, schlug er das Tuch zurück, mit dem er zugedeckt war, und sagte: O Kriton, wir sind dem Asklepios einen Hahn schuldig. Entrichtet ihm den, und versäumt es nicht. Bald darauf zuckte er, und Kriton schloss ihm den Mund und die Augen.

Nach Athen, wo Sokrates starb, war Asklepios zwanzig Jahre früher gekommen, aus Epidauros auf dem Peloponnes, wo seine Statue aus Gold und Elfenbein thronte, im Dunkel der Tempelkammer zwischen 66 dorischen Säulen. Seine Prominenz war ärztlicher Art und verlor sich in alten Erzählungen der griechischen Frühzeit, mit einem menschenfreundlichen Heiler im Mittelpunkt, der das Kräutlein gegen den Tod gefunden hatte. Den Kurgästen in Epidauros pflegte er im Traum zu erscheinen, in Begleitung einer Schlange. Es gab Thermalbäder und ein prächtiges Theater, dessen Akustik noch immer die Touristen verblüfft, Gästehäuser und Sportanlagen, eine Bibliothek und ein Odeon für musikalische Darbietungen, Schatzhäuser zur Aufbewahrung der Dankesgeschenke, Priesterquartiere, Andenkenläden und Marktstände für den Erwerb der zum Opfer nötigen Hähne und Ziegen.

In Rom erhielt Asklepios um 300 v. Chr. unter dem Namen Aesculapius auf der Tiberinsel einen Tempel, und schließlich wurden im ganzen Gebiet des Mittelmeeres rund 500 Anlagen im Zeichen des Äskulapstabes gezählt, bis ein neuer Heiland aus der Provinz Judaea, ein gewisser Chrestos, von sich reden machte. Der letzte Versuch, den Asklepios gegen den Galiläer in Schutz zu nehmen, angestrengt von Kaiser Julian (gest. 363 n. Chr.), der den gottbegnadeten Asklepios dem ganzen Erdkreis empfahl, als eine Art von Sonnenkönig, blieb ohne Erfolg. Unter neuer Patronanz ging der heilige Kurbetrieb weiter, in Apulien beispielsweise, wo auf dem Gargano im Jahr 491 n. Chr. der Erzengel Michael erschien und über das dortige Asklepeion das Kommando übernahm, in der Wallfahrtskirche San Michele, vorchristliches Grottensystem inbegriffen.

Pedantische Gemüter, die unbedingt an der Unterscheidung Medizin hier und Religion dort festhalten wollen, können in Monte Sant'Angelo eine Zeitreise ins Altertum unternehmen, beziehungsweise ins eigene Unbewusste, wo gewisse Träume immer noch von Gott kommen. Empfehlenswert jedenfalls ist die Rundfahrt von Monte Sant'Angelo über Bosco d'Umbra nach Peschici und über Vieste zurück nach Mattinata (150 km, ca. 4 Stunden mit Pinienwäldern und Olivenhainen, Bergstraßen und Blicken von hoch oben auf Küste und Meer). Von einem Besuch im – religionsgeschichtlich bedeutend jüngeren – Lourdes ist eher abzuraten. Zu viel Trubel.

31 Das deutsche Lourdes

Montag, 3. Juli 1876. Heuernte in Marpingen (1600 Einwohner, nördliches Saarland, katholisch). Die Kinder hatten schulfrei, und wer von ihnen beim Heuen nicht gebraucht wurde, musste zum Beerenpflücken in den nahen Härtelwald. So auch drei achtjährige Mädchen – Katharina, Susanna und Margaretha. Am späten Nachmittag um 18 Uhr, als von der Kirche zum Gebet geläutet wurde, machten sich die Kinder auf den Heimweg und kamen dabei auf eine verwilderte Wiese zwischen Wald und Dorf. Susanna schrie plötzlich auf, ihre Freundinnen liefen herbei und sahen die weiße Gestalt, von der Susanna erschreckt worden war. Am nächsten Tag kehrten die Mädchen mit zwanzig anderen Kindern und sechs Erwachsenen an die Stelle der Vision zurück, und nach drei Vaterunsern war es wieder so weit. Auf die Frage, wer die Dame sei, kam die Antwort: Die unbefleckt Empfangene. Die Idee, die Erscheinung nach ihrem Namen zu fragen, war von einer Nachbarin gekommen, der die verängstigten Kinder auf dem Heimweg zu ihren Eltern die Geschichte erzählt hatten.

Nach einer Woche schrieben die Zeitungen von 20.000 Wallfahrern in Marpingen. Am 13. Juli, einem Donnerstag, verfügte sich der zuständige Kreisdirektor in Begleitung von drei Gendarmen nach Marpingen und forderte die Pilger dreimal auf, nach Hause zu gehen, gemäß Artikel 116 des preußischen Strafgesetzbuchs. Als das nichts nützte, marschierte gegen Abend eine Kompanie Soldaten in der Stärke von 80 Mann zum Ort der Erscheinung und zerstreute die fromme Menge. Dabei wurden 60 Zivilpersonen durch Schläge mit Gewehrkolben verletzt. Das deutsche Lourdes, wie es bald genannt wurde, war zum Testfall für die militante Kulturpolitik Bismarcks geworden.

In den letzten 150 Jahren sind Hunderte, wenn nicht Tausende Marienerscheinungen passiert, allein in Europa, insbesondere im deutschsprachigen. Kirchenamtlich beglaubigt wurden zehn einschlägige Vorkommnisse, unter ihnen die beiden berühmtesten in Lourdes und Fatima. Stets kam die Madonna ohne ihr Kind, im Gegensatz zur gewohnten Ikonographie des vorangegangenen Jahrtausends. Sie bevorzugte ländliche Gegenden fern von Industrielärm. Sie wirkte eher jugendlich, ihre Miene war ernst, ihre Stimme sanft. Ihr Gesicht war umrahmt vom altrömischen *velamen*, das die Haare verbirgt. Ihr meist weißes Körpergewand reichte ausnahmslos bis zum Boden und ließ mitunter die nackten Füße frei. Vom stummen Spuk der in alten Schlössern gelegentlich umgehenden Ahnfrauen unterschied sie sich durch den Inhalt ihrer Verlautbarungen, die in erster Linie zum Beten ermunterten, und mit dem Weltgeschehen war sie prinzipiell unzufrieden. Am liebsten wandte sie sich an Kinder und Jugendliche, wünschte sich die Errichtung von Kapellen und lud die Kranken ein, bei ihr Heilung zu suchen, eventuell mit der Hilfe einer Quelle am Ort der Erscheinung.

So auch in Marpingen. Während der Initialzündung des ersten Jahres, bis zum Aufhören der Erscheinungen im September 1877, zirkulierten unter den Pilgern die erstaunlichsten Erzählungen von Wunderheilungen mannigfacher Art. Eine bereits vorhandene Quelle im Härtelwald avancierte sofort zum Heilwasser, das getrunken und in Flaschen mit nach Hause genommen wurde. Blinde, Taube und Stumme, Rheumatiker und Epileptiker kamen per Bahn oder auch zu Fuß zum Gnadenort, verrichteten die üblichen Gebete und tranken aus der Quelle.

Das Ansehen Marpingens, dies eine Besonderheit, war von Anfang an proletarisch gefärbt, wegen der Bergleute im Dorf, die von Montag bis Freitag in den weiter südlich gelegenen Kohlezechen arbeiteten. Die erste Spontanheilung war einem 38-jährigen Kumpel widerfahren, arbeitsunfähig wegen Rheumatismus, der bereits am dritten Erscheinungstag beim Berühren der Stelle, an der die weiße Frau sichtbar geworden war, eine Art von Stromstoß verspürt hatte, als ob ihm eiskaltes Wasser den Körper hinunter rinne. Hernach fühlte er sich geheilt und avancierte zu einer Schlüsselfigur männlicher Autorität im Dienst des Übernatürlichen am Ort seiner Wirksamkeit. Viele Bergknappen waren zugegen, als die preußische Armee in Marpingen eingriff, und wurden verprügelt. Damit war der Frontverlauf zwischen himmlischen und irdischen Instanzen eindeutig geklärt.

Im übrigen war der Bedarf an Wunderwirkung ähnlich hoch wie in Epidauros, denn die jeweiligen Bevölkerungen standen da wie dort unter der Tyrannei aller möglichen Krankheiten und dem Geschick des frühen Todes, ohne ärztliche Hilfe zumeist, angewiesen auf Hausmittel. Ein Interesse, jedem Wunderbericht in Marpingen genau nachzugehen, hatten allenfalls die kirchlichen Behörden, und die warteten lieber ab.

Nach dem letzten Erscheinungstag am 3. September 1877 blieben die Kranken zu Hause, und das deutsche Lourdes wurde wieder zu einem ganz gewöhnlichen Dorf.

Lediglich die Erinnerungen lebten fort. Ab und zu kamen sie wieder zu Kräften, in den bitteren Jahren zwischen den beiden Weltkriegen. Ein Kriegsteilnehmer hatte gelobt, für den Fall seiner glücklichen Heimkehr im Härtelwald eine Kapelle zu errichten. Im Juni 1932 stellte der Gemeinderat Bauland zur Verfügung, und Ende des Jahres stand das Kirchlein, errichtet von einem neu gegründeten Kapellenverein, mit der Hilfe von freiwilligen Spenden. Die einheimische Geschäftswelt hoffte auf einen neuen Zustrom von Gläubigen, nicht ganz vergeblich, denn 1935 brachte die Kapelle 1.550 Mark ins Dorf.

Die Kapelle steht noch immer. Der Weg von ihr zur Gnadenquelle ist von Kreuzwegstationen begleitet. Allerdings wurden neuerdings Fäulnisbakterien (proteus vulgaris) in unzulässiger Häufung im Heilungsbrunnen entdeckt, worauf der Bürgermeister dessen Absperrung verhängte, wie einst unter Bismarck. Die Andächtigen kommen dennoch. Am 17. Mai 1999 erblickte die 30-jährige Marion Guttmann, verheiratet, beruflich im Hotelgewerbe, die weiße Frau im

Härtelwald, und abermals kam Marpingen in die Zeitungen. Auch die Kranken sind wieder da, die spastisch Gelähmten, die austherapierten Krebsleidenden. Ihre Chance, wiederhergestellt zu werden, steht ungefähr eins zu einer Million, nach den Erfahrungen der letzten viertausend Jahre.

Ärztlicherseits werden daher keine Rezepte für den Besuch von Gnadenorten verschrieben. Im rasant ansteigenden Bädertourismus der letzten zweihundert Jahre können selbst prominente Gnadenorte nicht mithalten. Unweit von Marpingen wurde 1858 der Kurort Bad Neuenahr eröffnet, nachdem ein dortiger Winzer auf Mineralquellen gestoßen war. Mittlerweile verfügt Bad Neuenahr über einen gepflegten Kurpark und vermarktet das bekannte Tafelwasser aus der Apollinarisquelle am östlichen Ortsausgang. Wer im Restaurant ein Apollinaris bestellt, wird dabei kaum an die weiße Frau denken.

32 Betende Frösche

Nein, nicht aus dem alten, zerstrittenen, skeptischen Europa kommt die neueste Frohe Botschaft des Gesundseins-mit-Spiritualität, sondern selbstverständlich aus der führenden Industrienation der Welt. Dementsprechend hoch ist der Konkurrenzdruck in der Szene der Gesundheitsapostel aus den USA. Ein paar Millionen verkaufte Bücher aus eigener Produktion sind immer gut fürs Prestige, auch wenn ihr Inhalt sich als eher fader Mix aus indischen Banalitäten, quantenphysikalischen Lesefrüchten und autobiographischen Anekdoten erweist – wie der Fall beim Internisten Deepak Chopra, geb. 1947 in New Delhi, Darling der Schauspieler-Prominenz und des TV-Talks vor dem 11. September 2001. Nach seiner klinischen Ausbildung hospitierte der imposante Mann bei der Transzendentalen Meditationsbewegung (oben Kapitel 16), verdiente Millionen als Präsident einer Aktiengesellschaft für den Vertrieb ayurwedischer Produkte und als Chef einer einschlägigen Klinik in Massachusetts, bis er 1993 seinen ersten Bestseller unter die Leute brachte, mit einem Zehnstufenprogramm gegen das Altern. Auch bösartige Tumore hatten keine Chance gegen Chopras Rezepturen, war im »Time«-Magazine zu lesen. Wer das nicht glaubt, kann sich kostenlose Videoclips über Chopra und seine Botschaft herunterladen oder gleich ein Zimmer im Chopra-Center (La Jolla, Kalifornien) buchen. Geboten wird eine Kombination aus moderner und traditioneller Medizin, ein persönlicher Diätplan, Meditationsgelegenheit, freundliche Bedienung, Entspannung und Stille.

All das und noch mehr ist freilich im weltweiten Wellness-Boom zum Standard geworden. Die Geschichte ist schnell erzählt. Vor dreißig Jahren taten sich im soliden Mittleren Westen der USA ein ehemaliger Geistlicher und eine Ex-Nonne mit einigen Sportmedizinern, Ernährungswissenschaftlern und Psychotherapeuten unter der Wellness-Losung zusammen, auf der Basis der durchaus hausbackenen Einsicht, dass Fitness und gesunde Lebensweise die beste Vorsorge gegen Krankheit und Siechtum darstellen. Verzichtet wurde dabei auf den Schnickschnack der New-Age-Begeisterung, und 1976 ging die erste Wellness-Konferenz über die Bühne, aufmerksam beobachtet von der

Tourismusbranche. Zwanzig Jahre später war die jährliche Konferenz zum Mega-Event auf dem Campus der Universität von Wisconsin in Stevens Point geworden. Unter jüngeren Ärztinnen und Ärzten, die gern in Jeans herumliefen, hatte sich die alte Erkenntnis herumgesprochen, dass die Menschen nicht nur mit einem Körper, sondern auch mit einer Seele (*mind*) ausgestattet sind, und mittlerweile ist das Internet voll von betenden Fröschen.

Letztere leben am liebsten im Erlen-Dickicht, wie der Schriftsteller Robert von Ranke-Graves (gest. 1985) wusste. *Frogs from the alder-thicket pray.* Graves starb in Deya (Mallorca), wo er 1929 sein Zuhause gefunden hatte, ein international renommierter Autor von rund 60 Buchveröffentlichungen, unter ihnen eine zweibändige Darstellung der altgriechischen Götterwelt von ausschweifender Gelehrsamkeit. Die betenden Frösche sind in einem Gedicht nachzulesen, das Ranke-Graves in seine Prosa über die »Weiße Göttin« vorchristlicher Herkunft einflocht, mit der er vertrauten Umgang hatte, und selbstverständlich sind die Frösche im übertragenen Sinn zu verstehen. Sie fürchten den Gerichtstag über eine religiös verblendete Menschheit, welche die natürlichen Ressourcen der Erde und des Meeres erschöpft, und deshalb sind die Gebete der Frösche laut und voller Reue. Soweit Ranke-Graves drei Jahre nach Hiroschima. Er konnte in der Verachtung seines Jahrhunderts sehr deutlich werden. Die Vorstellung einer schöpferischen Göttin wurde vor beinahe zweitausend Jahren von christlichen Theologen geächtet, und vorher schon von den jüdischen Theologen, bemerkte Ranke-Graves bedauernd, im Hinblick auf die verdrängte Weiblichkeit im Abendland. Ich bin kein Mystiker, gestand der ansonsten eher labyrinthische Autor, ich habe keinen Anteil an Zauberei, Spiritismus, Yoga, Wahrsagerei, automatischem Schreiben und dergleichen. Ich führe ein einfaches, normales, ländliches Leben mit meiner Familie und einem großen Kreis vernünftiger und intelligenter Freunde. Ich gehöre keinem religiösen Kult, keiner Geheimgesellschaft, keiner religiösen Sekte an; auch vertraue ich meiner historischen Intuition nur dann, wenn sie sich faktisch belegen lässt.

Von den betenden Fröschen im Internet lässt sich das nicht so ohne weiteres sagen. Was sie quaken, ist in erster Linie von der Angst vor dem Sterbenmüssen inspiriert, wie zur Zeit der Asklepios-Heiligtümer und danach. Wenn dann jemand wie Dr. Chopra verkündet, dass menschliche Körper Teil eines universellen Körpers, menschliche Seelen ein Aspekt der Universalseele sind und dass ein Lebensalter von 130 Jahren in greifbarer Nähe liegt, dann findet er ein dankbares Publikum. Am vernehmlichsten beten die Frösche im Chor.

33 Prayer Breakfast

Nach wie vor gelten die Vereinigten Staaten als frommes Land. Tote werden dort einbalsamiert wie im alten Ägypten, auf den Ein-Dollarscheinen steht »In God we trust« geschrieben, nebst einer Freimaurer-Vignette und dem amtlichen Wappen. Ungezählte Religionsvereine (*denominations*) werben um Kundschaft, und immer wieder versammeln sich gesetzte Herren und neuerdings auch Damen in einem eleganten Hotel vor dem Arbeitstag zum

Gebetsfrühstück, wo auch über das Geschäft geredet werden darf.

An den US-Universitäten herrscht gnadenloser Wettbewerb unter den akademischen Lehrkräften. Wenn sie die jährlich fälligen wissenschaftlichen Veröffentlichungen nicht abliefern, werden sie gefeuert. Deshalb müssen sie die Publikationsmärkte ihrer jeweiligen Branchen genau beobachten, als Geographen, Astrophysiker oder Buddhologen, um neue Trends in der einschlägigen Forschung zu erkennen, zu berücksichtigen und für ihre eigene Arbeit benützen zu können. Das gilt auch für die gelehrte Analyse religiöser Phänomene, wenngleich mit etwas langsamerem Tempo als in den Biowissenschaften, die zur Zeit Hochsaison haben.

Ab 1975, parallel zur Wellness-Bewegung, begannen sich in den USA einzelne Trendsetter im medizinischen Fachbereich für den Einfluss des Händefaltens auf die Gesundheit zu interessieren. Die entsprechenden Forschungs-Designs fragten schlicht und ergreifend nach Unterschieden im Wohlbefinden von Patienten mit oder ohne regelmäßige Gebetspraxis, mit einleuchtenden Ergebnissen. Wer brav in die Kirche geht oder wenigstens einmal täglich meditiert, so die frohe Botschaft, leidet seltener an Bluthochdruck als ungläubige Zeitgenossen, neigt weniger häufig zu Depressionen, erholt sich rascher nach einer Hüftoperation, lebt länger.

Wie üblich fanden solche Studien, auch wenn keineswegs repräsentativ für die Gesamtbevölkerung und im Design eher bescheiden angelegt, bald den Weg in die Massenpresse, was der Zweck der Übung war.

Der Harvard-Mediziner Herbert Benson, ein Pionier auf diesem inzwischen reich bestellten Feld, machte sich mit seiner Studie über Entspannung (*relaxation*) bereits 1975 einen Namen. Die Arbeit beschrieb die wohltätige Wirkung einer einfachen Übung auf den Organismus: der Konzentration auf einen einzelnen Klang oder ein Bild. Benson konnte nachweisen, dass damit schwere Schlafstörungen behoben wurden, zu fünfundsiebzig Prozent. Das Buch wurde ein Renner und Benson ein gefragter Gastlektor, der 250 Dollar als Seminargebühr nahm, von Ärzten das Doppelte. Im Lauf seiner Karriere war Benson sehr entschieden geworden und zur Erkenntnis gelangt, dass Beten die Stress-Hormone bändigt und somit gesundheitsfördernd ist.

Eine Schwalbe macht allerdings noch keinen Sommer. Die Sichtung mehrerer hundert Forschungsberichte zum Thema Religion und Gesundheit aus den zehn Jahren bis 2003 brachte keine handfesten Ergebnisse. Berichtet wurde immerhin, dass in 70 der 125 medizinischen Fakultäten der USA Vorlesungen über Spiritualität eingeführt wurden. Erschienen war ferner ein dicker Wälzer zur Frage medizinischer Bewertungen des religiösen Faktors in 10.000 Jahren Menschheitsgeschichte – ein wunderbarer Stoff für weitere Seminarübungen.

Zufrieden mit all dem Rummel darf allenfalls Sir John Marks Templeton (geb. 1912) sein, dessen Stiftung auch Professor Hardy beglückte (oben Kapitel 24). Der alte Templeton, mit Wohnsitz auf den Bahamas, ist zwar gläubiger Presbyterianer, soll aber persönlich nicht viel vom Beten halten. Er hat seinen Geldsegen auf Mutter Teresa gelenkt, auf Alexander Solschenizyn und Carl Friedrich von Weizäcker. Ein Viertel des Budgets der hoch dotierten Stiftung fließt in die Aufklärung der Zusammenhänge von Religiosität/Spiritualität und Gesundheit.

Dies deshalb, weil ein paar harte Fragen an die Adresse der medizinischen Gebetsforschung bislang nicht beantwortet sind. Ist die Bereitschaft zum Beten rezeptpflichtig? Lassen sich Gebete dosieren? Orientiert sich Gott an der Intensität des Betens?

Derlei Einwände verhallen in der Neuen Welt weitgehend ungehört. Denn William James (gest. 1910), Harvard-Psychologe und Nestor der erfahrungswissenschaftlichen Religionsforschung in den USA, hatte bereits 1901 ein Credo formuliert, das nur einem Amerikaner einfallen konnte. *We and God have business with each other. God is real since he produces real effects.* Wir stehen mit Gott in Geschäftsverbindung. Gott ist reell, weil er Erfolg hat.

In seinen Vorlesungen an der Universität von Edinburgh über religiöse Erfahrungen, die James als Buch veröffentlichte, hatte sich der Psychologe auch mit der Bewegung des geistigen Heilens (*mind-cure movement*) befasst, die damals hoch im Kurs stand, unter anderem durch die Bemühungen von Mary Baker Eddy (oben Kapitel 28). Für James standen die Erfolge der Glaubensheilungen außer Debatte. Er schrieb: Erstens ist ein gewisses Unbehagen (*uneasiness*) da. Wir spüren, dass etwas mit uns nicht ganz stimmt. Zweitens vollzieht sich die Beseitigung der Störung (*wrongness*) durch angemessene Kontaktaufnahme mit den höheren Mächten (*by making proper connection with the higher powers*). Unser besseres Ich (*better part of the individual*) schließt sich an etwas Verwandtes (*of the same quality*) an, das im Universum wirkt (*is operative in the universe*). Diesen Mehrwert-Operator ließ James in Großbuchstaben setzen (*a MORE* = ein MEHR) und verzichtete so auf die jüdisch/christliche Gottesbezeichnung, weil andere Religionen damit unfair behandelt würden.

Damit war, auf die trockene angloamerikanische Art, ein heikles Thema knapp auf den Punkt gebracht, einen quasi geschäftlichen, ganz im Sinn von Sir Templeton, der sein Vermögen an der Börse gemacht hatte.

Wer nicht gelernt oder schon wieder vergessen hat, wie die angemessene Kontaktaufnahme mit dem Geschäftspartner im Universum funktioniert, ist bei einem Gebetsfrühstück sicher willkommen.

34 Altruistische Gene

Dass Mitleidsfähigkeit für die menschliche Gattung lebensnotwendig ist, hat sich neuerdings bis zu den amerikanischen Neurologen durchgesprochen. Ein paar Türen weiter, unter Verhaltensforschern und Soziobiologen, war die Bedeutung altruistischer Gefühle für den Zusammenhalt von Schimpansenfamilien schon länger bekannt. Der weltweit führende Ameisenforscher Edward O. Wilson hatte bereits 1978 sozusagen ex cathedra verkündet, dass altruistische Gene in der Entwicklungsgeschichte von Tieren und besonders von Menschen eine durchaus nützliche Rolle spielen. Zwar sei der allererste barmherzige Mensch wie ein merkwürdiger Mutant aufgetreten, aber seine Gene hätten sich in der Folge für den Fortschritt der Menschheit als unentbehrlich erwiesen.

Noch ein paar Türen weiter, in den theologischen Fakultäten, liegt eine eher merkwürdige Auskunft über die Herkunft der Mitmenschlichkeit bereit. Die Gefühlsregung des barmherzigen Samariters, so ist zu erfahren, wird im griechischen Original des Lukasevangeliums mit *esplagchniste* wiedergegeben, was auf *splagchna* (= innere Organe) verweist. Aber welche? Im Westaramäischen, der Muttersprache Jesu, dem das Gleichnis vom barmherzigen Samariter zugeschrieben ist, geht das griechische Wort für innere Organe auf die – unterschiedlich vokalisierte – semitische Wurzel r-ch-m zurück, und die bedeutet Gebärmutter.

Sehr deutlich zeigt sich das in der bekannten Erzählung von den beiden Prostituierten, die vor König Salomo erscheinen und einander beschuldigen, der Rivalin das Kind gestohlen zu haben. Der König befiehlt, das Kind in zwei Hälften zu teilen, woraufhin die richtige Mutter sofort nachgibt, denn ihr Inneres, sprich ihre Gebärmutter (*rachamim*, hier im Abstraktplural gebraucht) begann sich mächtig zu regen, wie es im Text heißt.

Dass auch Männer in Bezug auf Blutsverwandte so empfinden können, obwohl sie über keine Gebärmutter verfügen, lässt sich in den biblischen Erzählungen vom ägyptischen Josef nachlesen. Dieser erblickt nach langer Trennung von der Familie seinen jüngsten Bruder und muss heftig weinen, denn »tief bewegt war sein Inneres«. Wiederum jener Abstraktplural, der auf die Regungen junger Mütter hinweist, wenn es um ihr Kind geht.

Letztere werden sogar auf Gott übertragen, wiederum im Lukasevangelium, wo vom »innigen Erbarmen unseres Gottes« die Rede ist (*splagchna eleos theou hemon*). Dieselbe Bezugnahme rezitieren die Muslime täglich am Beginn ihrer Gebete. *Bismillah rachmani rachim.* Im Namen Allahs, des barmherzigen, mitleidvollen.

In den Gebetskulturen der drei Abrahamsreligionen finden sich somit deutliche Hinweise auf einen weiblich kodierten Gefühlskomplex, der auf Erfahrungen zurückgeht, die sich zwischen Müttern und ihren Babies abspielen, während der ersten Monate nach der Geburt, vielleicht auch schon in der Schwangerschaft (oben Kapitel 20).

Dass es sich dabei um ein wechselseitiges Geben und Nehmen handelt, liegt auf der Hand. Nicht nur die Babies genießen die Fürsorglichkeit der Mama, auch die Mutter bekommt etwas zurück, wenn sie gut zum Kind ist.

Dieses Grundmuster ist im Lauf der Kulturgeschichte allmählich erweitert worden – zunächst auf Blutsverwandte, hernach auf Stammes- und Gesinnungsgenossen, schließlich auf jeden fremden Bettler vor der Haustür. Mit ihm erscheint der Gott – im Sinn jener ultimativen Verallgemeinerung, an der sich die christliche Zeitrechnung orientiert.

Als Fußnote zu diesem wichtigen Sachverhalt ist von ärztlicher Seite zu erfahren, dass junge Mütter signifikant widerstandsfähiger gegen Krankheiten sind als der Durchschnitt der Bevölkerung im vergleichbaren Alter. Der nahe liegende Umkehrschluss: Hartherzigkeit macht krank.

Das ist ein schöner Gedanke, auch wenn er den Tatsachen widerspricht. Bekanntlich können Folterknechte, Diktatoren, Geizhälse oder Bankdirektoren recht alt werden. Auch im Feld der helfenden Berufe hat sich herumgesprochen, dass professionelle Menschenfreundlichkeit mit ihrem Gefühlsbudget haushalten muss, will sie nicht auf Dauer scheitern und in Depressionen versinken.

Im Gebetsleben sind solche Einwendungen belanglos. Wer sich der Letztinstanz mit der Bitte um Erbarmen nähert – wie die Abgeordneten zur Kirchenversammlung in Chalkedon (oben Kapitel 5) –, spricht wie das Kind zur Mutter. Aufgespannt wird damit ein Raum der Geborgenheit, in dem lautere Güte pulsiert. Hintergrundgeräusche (Schuldbewusstsein, Angst vor Strafe etc.) mögen dabei allenfalls störend wirken, gehören jedoch in die Phase nach der Vertreibung aus dem Paradies, das allen in die Kindheit scheint und worin noch niemand war.

Im Paradies des Grundvertrauens, ohne das kein Gebet funktioniert, wird nicht gekämpft. Die Ärzteschaft hingegen, mitsamt ihrer Kohorte allermodernster Hilfswissenschaften, steht an der Front. Jeder Todesfall gilt als Niederlage, jedes neue Medikament als Waffe im Kampf gegen einen Feind, der immer das letzte Wort hat.

In der Kampfzone ist jedes Mittel willkommen, das Zwischensiege ermöglicht, ob es sich nun um Zähneputzen oder Beten handelt. Dabei wissen die Ärzte, dass auch Placebos wirken können. Bei der Antwort auf die Frage, ob Beten wie ein Placebo wirkt, bleibt die Medizin zurückhaltend.

Gebetserfahrene dagegen wissen, dass ihre Zuversichtlichkeit kein Mittel zu dem Zweck ist, ein Leiden zu kurieren, sondern die Substanz ihres Lebenswillens. In Apotheken ist sie mit Sicherheit nicht erhältlich.

Gegen besseres Wissen

Als das Christentum noch jung und unverbraucht war, zirkulierte in einschlägigen Kreisen ein trotziger Ausspruch, der seitdem immer wieder zitiert worden ist: Credo quia absurdum – der Inhalt des Glaubens ist das Absurde.

Für Religionskritiker ist diese Sentenz ein gefundenes Fressen. Sie transportiert gleichwohl eine Haltung, deren Unverwüstlichkeit womöglich längst vorprogrammiert ist, im Nervensystem bestimmter Zweibeiner mit aufrechtem Gang.

35 Zwischenwesen

Kinder im Fragealter können auch Eltern zur Verzweiflung bringen, die ein paar Semester Religionswissenschaft, Kunstgeschichte oder Theologie hinter sich gebracht haben. Im Museum zum Beispiel, vor einer altgriechischen Vasenmalerei mit einem Kentauren: Was ist das? Ein Wesen zwischen Pferd und Mensch. Hat es so etwas früher wirklich gegeben? Nein. Aber warum ist es dann gemalt worden? Weil die Leute eine starke Phantasie hatten. Und jetzt haben die Leute keine starke Phantasie mehr? Doch. Warum malen sie dann keine Kentauren? Weil auf der Straße keine Pferde mehr herumlaufen.

Und so weiter. In der Tat sind nicht nur die Museen voll von Gestalten, die noch niemand mit freiem Auge gesehen hat. Auch im Kino sind sie lebendig, in den Comics und der Fantasyliteratur, auf Karikaturen. Zu manchen von ihnen wird beispielsweise immer noch gebetet, zum heiligen Erzengel Michael beispielsweise (oben Kapitel 30). Manchmal hat er Flügel, manchmal einen Speer zur Tötung des höllischen Drachens, manchmal eine Waage in der Hand, um das Gewicht der abgeschiedenen Seelen festzustellen, wie der schakalköpfige Anubis im alten Ägypten. Allmählich ist die Vorstellung des Totengerichts schwächer geworden, zumindest in den psychotherapeutischen Praxen, aber nach wie vor macht die Familie der Zwischenwesen gute Bilanzen in Kulturindustrie und Reklame. Solange die Bilanzen realem Marktwert entsprechen, sind auch die Zwischenwesen real, wie Professor James (oben Kapitel 33) erkannte. Sie lassen sich, mit einer gewissen Respektlosigkeit, als Waren auffassen.

Auf den ersten Blick wirkt eine Sichtung des Katalogs der Zwischenwesen deshalb verwirrend, weil sie die geläufige Unterscheidung zwischen Theologie und Dämonologie in Verlegenheit bringt. Der erwähnte Anubis wurde als Gott angebetet, aber seine Schakalköpfigkeit verweist ihn unter die Zwischenwesen, die eher unterhalb der göttlichen Sphäre anzusiedeln sind, im Luftraum zwischen Himmel und Erde gewissermaßen, als Mischform von Tier und Gott, Tier und Mensch. Und Anubis, das ist wichtig, entzieht sich jeglicher Vertrauensseligkeit des frommen Gemüts, weil er weder Güte noch Bösartigkeit verkörpert, sondern die Unbestechlichkeit richterlicher Abwägung.

Eine grobe Einteilung der Zwischenwesen wird sich zunächst am Handgreiflichen orientieren, wie beim Abschreiten der Sphingen-Alleen in Luxor oder vor dem berühmten Sphinx in Giza, der den Kopf des Pharao Chephren (gest. 2494 v. Chr.) auf dem Körper eines Löwen darstellt. Er gehört zur weit verbreiteten Sippschaft der

Tierkörper mit menschlich gebildeten Köpfen, der Sphingen, Kentauren und Sirenen, die zwischen Ägypten und Indien beliebt waren, im Kunsthandwerk der zivilisierten Welt vor Christi Geburt, mit starken Nachwirkungen auf muslimische Inspirationen und christliche Verzierungen in romanischen Kirchen. Und selbstverständlich fanden auch Menschenkörper mit tierischen Köpfen ihre Aufstellungen in diversen Tempeln, etwa im unterägyptischen Tebtunis 150 km südwestlich vom heutigen Kairo, woselbst der Gott Souchos den Kopf eines Krokodils bevorzugte.

Noch abwechslungsreicher gestaltet sich der religiöse Zoo, wenn die Abteilung für tierische Mischwesen ohne menschliche Züge betreten wird, also das Gehege für Drachen, Greife, Basilisken und ähnliche Monstren. Bei ihrer Herstellung sind gelegentlich Bildgebungsverfahren am Werk, die Schrecken erzeugen sollen, durch Verzerrung, Übertreibung, Vervielfältigung. Dann werden einem bedrohlichen Tier aus der Tiefe des Meeres zehn Hörner und sieben Köpfe verpasst, wie in der Apokalypse, wobei ausdrücklich hinzugefügt wird, dass alle, die auf der Erde wohnen, das Tier anbeten werden – mit Ausnahme der Christgläubigen.

Eine ernste Warnung. Aus dem Unbewussten, so eine mögliche Interpretation für die Herkunft aller Zwischenwesen, steigen auch destruktive Anteile der Person in das Haus des Traums und möchten womöglich angebetet werden.

Gegen das Gewimmel aus flatternden, kriechenden, schnappenden höheren Wesen, wohltätigen und boshaften, erhoben sich bereits im alten Griechenland die mahnenden Zeigefinger der besonnenen Gelehrsamkeit. Der völkerkundige Poseidonios (gest. 51 v. Chr.), auf der Höhe der Kulturwissenschaften seiner Zeit, schrieb dem Menschengeschlecht einen gemeinsamen Begriff vom Wesen des höchsten Weltenlenkers zu, einsichtig für die Vernunft, vor jeder Einmischung der Priester. Erst später hätten die Erdenbewohner Schutzgeister und Rachedämonen erdichtet, Göttersysteme zusammengestellt, den Weinstock Dionysos genannt und die Sonne angebetet.

Damit waren nicht nur die Zwischenwesen, sondern auch prominente Gottheiten ihrer metaphysischen Würde beraubt und als Phantasmen rubriziert, durchaus im Sinn des um 400 v. Chr. wegen Gottlosigkeit verurteilten Weisheitslehrers Protagoras, der keinerlei Feststellungen über die Götter zuließ, »weder dass es sie gibt noch dass es sie nicht gibt«.

Dabei ist es im Wissenschaftsbetrieb bis heute geblieben. In dessen Hallen gilt Religion bestenfalls als rationale Reaktion gegen Irrationalität. Was in diese Definition nicht hineinpasst, wie beispielsweise die Zwischenwesen, gehört in den Zirkus, die Museen oder ins Irrenhaus, nach Meinung der tonangebenden Professoren. Sie haben offenbar noch nie vom Teufel geträumt.

Gleichwohl grübeln die Damen und Herren an den naturwissenschaftlichen Fakultäten diesseits und jenseits des Atlantik über einer Frage, die früher von Philosophen und Theologen bedacht wurde: Woher kommen wir? In den letzten Jahrzehnten sind die Methoden für die Untersuchung des Herkunftsproblems immer raffinierter geworden. Wenn die versteinerten Knochenreste unserer Vorläufer nach drei Millionen Jahren aus dem ostafrikanischen Sand gesiebt sind, werden sie mit Computers Hilfe zu Schädeln ergänzt, deren Hirnstruktur dann erschließbar ist. Andere Fachleute graben nach Spuren von Feuerstellen aus der Altsteinzeit, schnitzen Speere nach, mit denen einstens die Mammuts erlegt wurden, erforschen Höhlen voller Bilder, die 30.000 Jahre alt sind.

Eines dieser Kunstwerke ist berühmt geworden. Es zeigt eine 75 cm hohe Malerei in aufrechter Haltung, mit menschenähnlichen Händen und Füßen auf dem Körper eines Rentiers samt Geweih und dem Schweif eines Pferdes. Ein Zwischenwesen also, und die Tinte, die es zu interpretieren versucht, wird sehr schnell trocken. Auch eine Elfenbeinstatuette des Typs Löwenkopf auf menschlichem Körper wurde in Süddeutschland gefunden, lang vor dem Sphinx in Giza, ferner die Darstellung eines Menschen mit dem Kopf eines Vogels in der Höhle von Lascaux.

Ein passender Kommentar dazu ist bei Shakespeare nachzulesen: Wir sind aus solchem Stoff, wie Träume sind, und unser kleines Leben umgibt ein Schlaf.

36 Roter Ocker

Wem also frommt es zu wissen, dass unser Hirn vor 50.000 Jahren religionstauglich wurde?

In der lateinischen Zuschreibung *pius* (= fromm, ehrfürchtig, pflichtgetreu) ist eine Einstellung erhalten geblieben, die den Eltern und Altvorderen gilt, auch wenn sie längst gestorben sind. Sie sollen in Ehren gehalten werden, gegen das bessere Wissen beim Betrachten eines Leichnams, der zum Kadaver geworden ist.

Diese Irritation des Blicks auf gebrochene Augen mag sich bereits vor dem Auftreten der Menschen des heutigen Typs seit hunderttausend Jahren abgespielt haben; in den Höhlen der Dordogne (Frankreich) sind Kindergräber aus der mittleren Altsteinzeit (250.000–200.000 v. Chr.) entdeckt worden. Deutlicher spricht die Häufung von Funden ritueller Bestattung mit Beigabe von rotem Ocker aus der jüngeren Altsteinzeit (150.000–70.000 v. Chr.) für die beginnende Totensorge. Ihr kultureller Mehrwert ist evident, auch wenn sie nicht mit späteren Jenseitsdiensten wie im Alten Ägypten verwechselt werden sollte.

Was tot ist, schreit nimmer. Diese Auskunft des Menschenverstands wird in den Umgangsformen mit den Verstorbenen prinzipiell verneint, gegen den Augenschein jener schrecklichen Verwandlung von Leichen in Skelette. Das ist – Pietät, und die ist so alt wie die Menschheit.

37 Beim Wort genommen

Sprachmächtigkeit wird den Frühmenschen bereits für die Zeit vor 1,6 Millionen Jahren zugeschrieben, zumindest im Ansatz, unter Berufung auf den längst versteinerten Schädel eines Zwölfjährigen aus Kenia mit den entsprechenden Ausbuchtungen an der Stelle des Brocaschen Sprachzentrums in der Frontalregion des Hirns. Fest steht, dass die Neanderthaler artikuliert reden konnten. Die Vermutung, dass sie einander während langer Winternächte endlose Geschichten erzählten, ist berechtigt. Leider war damals kein Tonband im Handel, und so muss die Bedeutung des roten Ockers für das Bestattungsritual rätselhaft bleiben.

Um das Schweigen der Funde aus der menschheitlichen Vorgeschichte bis zur Erfindung der Schrift zu durchbrechen, haben die Kultur-Anthropologen zu einem Trick gegriffen und die Gewohnheiten heutiger Stammesgesellschaften zur Illustration der Bräuche unserer Ur-Ahnen herangezogen. Das ist deshalb problematisch, weil die Stammesgesellschaften keineswegs so stur sind, dass sie fünfzigtausend Jahre ohne Veränderungen ihrer Sozialstruktur samt kulturellem Überbau überstanden hätten.

Was bleibt, ist die Gewissheit, dass die Lust am Geschichtenerzählen im menschlichen Hirn fest verkabelt ist. Von kleinen Kindern ist bekannt, dass sie ihre liebsten Geschichten immer wieder hören wollen, ohne die kleinste Veränderung.

Eine Geschichte, die von Gottheiten handelte, wurde im alten Griechenland *mythos* genannt. Die Herkunft des Wortes ist bislang ungeklärt geblieben. In etlichen Religionsvereinen der Antike wurde der für ihre Andachten grundlegende Mythos erst nach vollzogener Einweihung (*myesis*) mitgeteilt und wurde so zum *mysterion* – wie beispielsweise in Eleusis bei Athen. Verschwiegen blieben auch die Vorgänge während der Einweihung, der rituell arrangierten Passage der Außenstehenden in den Kreis der Privilegierten.

Die Mittelmeerwelt des römischen Imperiums war voll von den Mysterien der Demeter, des Dionysos, des Orpheus, der Kybele, der Isis, des Mithras mit ihren Tempeln und Priesterschaften. Auch eine kleine jüdische Sekte hatte ihre Mysterien des Übergangs vom heillosen in den erlösten Zustand, und ihr grundlegender Mythos war die Geschichte vom Letzten Abendmahl (oben Kapitel 4), das *mysterium fidei* (= Geheimnis des Glaubens), wie es im römisch-katholischen *canon actionis* (= Regelung der Handlung) noch immer genannt wird. Nachdem die kleine Sekte zur Reichsreligion avanciert war, wurde die Geschichte vom Letzten Abendmahl öffentlich. Ihr privilegierter Status blieb im Kirchenlatein der mittelalterlichen Klerisei noch tausend Jahre lang verschlüsselt, bis der Buchdruck und Luther kamen. Hernach gab es im amtlichen Christentum keine Esoterik mehr.

Das war für die Religion deshalb katastrophal, weil Querköpfe, Tüftler und Spinner aller Art ihre Nasen in die biblischen Geschichten steckten, im privaten Studierstübchen und nicht auf den Knien wie in der Kirche. Dabei stellte sich rasch heraus, dass die Heilige Schrift nicht nur Ungereimtheiten und Unanständigkeiten transportierte, Übersetzungsfehler und Fälschungen, sondern auch laufende Zumutungen für den Hausverstand nicht als Ausnahme, sondern als Regel im Text.

Von dieser Erkenntnis bis zu ihrer Verallgemeinerung ist es nur ein Schritt. Gottesgeschichtliche Erzählfragmente, aus ihrem rituellen Zusammenhang gerissen und in der Form von Behauptungssätzen als Glaubensbekenntnisse verlautbart, wirken wie Attacken auf die Vernunft: Jesus Christus ist von einer Jungfrau geboren. Die Toten werden auferstehen. Die Welt wurde in sechs Tagen erschaffen. Und so weiter.

Beim Wort genommen, erweist sich Religion als Komplizin des Absurden.

Eben darum, so ist neuerdings von neurowissenschaftlicher Seite zu vernehmen, hätten sich religiöse Vorstellungen über viele Jahrtausende hinweg als überaus robust und lebenstauglich erwiesen. Unser Hirn sei dafür programmiert, im Bedarfsfall an Unsinn zu glauben. In der Tat, so ließe sich hinzufügen, wirkt das Weltgeschehen ohnehin nicht sehr ordentlich. Aus diesem Grund werden immer wieder Hände gefaltet, um die kosmische Schwingung zum Klingen zu bringen.

Vielleicht wird alles gut

Im Jahr 2005 wurden die Vereinten Nationen sechzig Jahre alt. Deshalb versammelten sich 170 Staatsoberhäupter in New York, um die so genannte Millenium-Agenda zu ratifizieren. Deren Inhalt: Frieden stiften, Armut tilgen, Krankheiten ausmerzen.

Wie die Erfahrung lehrt, wird die Verwirklichung dieser Ziele noch eine Weile dauern. In der Zwischenzeit braucht sich niemand zu genieren, Zuflucht im Beten zu suchen.

38 Beugt euch, ihr starren Knie

Im »Hamlet« von Shakespeare wird Dänemarks König von Gewissensbissen geplagt, weil er seinen Bruder vergiftet hat, und sucht seine Zuflucht im Gebet. Das erweist sich deshalb als schwierig, weil der Bösewicht keineswegs bereit ist, sich öffentlich zu seiner Untat zu bekennen und allenfalls zurückzutreten. Gleichwohl ruft er, durchaus im Wissen, dass »dort oben« (*above*) keine Ausreden gelten, die Engel zu Hilfe und kniet nieder: Beugt euch, ihr starren Knie! Vielleicht wird alles gut.

Auf der Bühne darf das deshalb nicht passieren, weil des Missetäters »gestähltes Herz« unerweicht bleiben muss. Der König spürt, dass seine Worte hinauf (*up*) fliegen, während seine Gedanken unten (*below*) bleiben. Wörter ohne Gedanken gelangen nie in den Himmel (*words without thoughts never to heaven go*).

Mittlerweile ist Hamlet mit gezogenem Schwert hinter dem König aufgetaucht: Jetzt will ichs tun, und so bin ich gerächt.

Nein. Nicht während des Gebets, sagt er sich, wenn der Mörder seines Vaters womöglich in guter Verfassung für die Jenseitsreise (*fit for the passage*) sein könnte.

Und verschwindet wieder, worauf der König aufsteht, ebenfalls unverrichteter Dinge. Das Spiel ist noch nicht zu Ende.

Bekanntlich haben Könige und sonstige Machtmenschen in der Regel einen ausgefüllten Tag. Ihre Gewissensbisse, wenn sie überhaupt welche haben, sind nicht die Regel, sondern die Ausnahme. Umso stärker die Pointe, wie sie von Shakespeare mit gewohnt sicherer Hand gesetzt wird, im Gebetsversuch seines gekrönten Schurken: *All may be well.* Alles könnte, sollte gut ausgehen.

Religionsphilosophisch gesprochen, arbeitet in dieser Totalisierung jene wesentliche Intuition, die jegliches Beten auszeichnet. Es ist, wie es ist, und es wird gut.

Das gilt für indische Bauern beim Morgengebet ebenso wie in Mekka während des Umkreisens der Kaaba. Beim Beten, in welchen Formen auch immer, bleibt das Ungute allenfalls als leises Hintergrundrauschen anwesend, bis es in der ultimativen Geborgenheit verschwindet, sobald die Erdenschwere vorübergehend außer Kraft gesetzt ist. Ob hernach alles beim Alten bleibt oder nicht, lässt sich nicht voraussagen.

Immerhin steht fest, dass geglücktes Beten einen Körper benötigt, der mitspielt. Das weiß auch der verzweifelte König von Dänemark und befiehlt seinen widerspenstigen (*stubborn*) Knien, sich zu beugen. Dabei wünscht er seinen Gefühlen die Nachgiebigkeit des Bewegungsapparats neugeborener Kinder (*and heart with strings of steel be soft as sinews of the new-born babe*). Im stählernen Gehäuse habitueller Härte muss das ein frommer Wunsch bleiben.

Wilhelm Reich (gest. 1957), Autor der »Massenpsychologie des Faschismus« (1933) und Begründer der so genannten Körpertherapie ging seinen Patienten, sehr zum Befremden Freuds, an die Nackenmuskulatur, um deren Versteifungen zu massieren. Seiner Zeit war er damit, 300 Jahre nach Shakespeare, immer noch weit voraus. Die Erforschung des Zusammenhangs zwischen Charakterpanzerung und Gebetsunfähigkeit lässt noch immer zu wünschen übrig.

Niederknien ist keineswegs die einzige Gebetshaltung. Auch im Gehen können die Gedanken zum Himmel fliegen, auch im Sitzen oder Stehen, mit ausgebreiteten oder gefalteten Händen. Schamanistische Jenseitsreisen fallen leichter, wenn sie nüchtern und mit geschlossenen Augen angetreten werden, möglicherweise seit der Steinzeit. Die Kultur-Anthropologin Felicitas D. Goodman (gest. 2005) experimentierte in diesem Zusammenhang mit über 30 rituellen Körperhaltungen (*postures*) zum Zweck der Trance-Induktion, auch unter strengen experimentalpsychologischen Bedingungen. Was sich dabei abspielte, gehört in die Habitas von Stammesgesellschaften und erwies sich gleichwohl als tauglich für heutige Versuchspersonen.

Ein Problem bleibt dabei allerdings ausgeblendet. Bei ihren Flugversuchen waren die Versuchspersonen ebenso allein auf sich gestellt wie Dänemarks König in »Hamlet«. Jeder für sich und Gott gegen alle.

Für die gestressten Büroangestellten der gegenwärtigen Meditationsbewegung ist das kein Thema – nicht nur in den

USA, wo neue Trends blitzschnell erkannt und kommerzialisiert werden. Keine Spur von Seelenqual und Selbstverstrickung (O Jammerstand! O Seele, die, die sich frei zu machen ringend, noch mehr verstrickt wird) wie bei Shakespeare. Verschwunden ist auch jegliche Gottesbezogenheit aus den Wellness-Hotels, während selbst in der rabenschwarzen Seele des Brudermörders im »Hamlet« die Transzendenz noch spürbar blieb. Beim Betrachten seiner verfluchten Hand (*cursed hand*), um und um in Bruderblut getaucht, fragt sich der Schuldige, ob in den süßen Himmeln (*sweet heavens*) nicht Regen genug sei, um alles abzuwaschen.

Solcher Aufblick bleibt den Meditationswilligen verwehrt, weil sie ihre Augen geschlossen halten sollen. Für den Seelenfrieden der wohlerzogenen Damen und Herren auf den Karriereleitern ist kein Gott erforderlich und kein Himmel, lediglich ein ruhiges Plätzchen und ein Sitzpolster. Was sie dann erleben, ist im besten Fall – nichts. Vielleicht macht sich nach einer Viertelstunde konzentrierten Atmens die gewisse Ruhe in den Gedanken bemerkbar, derentwegen das Training absolviert wird. Wunder sind von diesem Minimalprogramm keine zu erwarten. Gedankenlosigkeit bringt keinen Himmel zum Weinen. Warum auch. Das Spiel ist noch nicht zu Ende.

39 Ein schwieriger Fall

Das von Inigo/Ignaz Loyola (gest. 1556, Gründer des Jesuitenordens) bevorzugte Gebet hat folgenden Wortlaut:

Seele Christi, heilige mich. Leib Christi, rette mich. Blut Christi, berausche mich. Wasser der Seite Christi, wasche mich. Leiden Christi, stärke mich. O guter Jesus, erhöre mich. In deinen Wunden verberge mich. Von dir lass nimmer scheiden mich. Vom bösen Feind beschütze mich. Zur Stunde meines Todes rufe mich. Und zu dir kommen heiße mich, dass ich mit deinen Heiligen lobe dich, von Ewigkeit zu Ewigkeit.

Handschriftlich bezeugt ist das Gebet erstmals 1314 in englischer Sprache, wenig später auf Deutsch.

Loyola unterschied zwischen drei Arten stillen Betens – *meditación* (= Erwägung), *consideración* (= Besinnung), *contemplación* (= Betrachtung). Selbstverständliche Voraussetzung dabei war die Vergegenwärtigung des gekreuzigten Christus im Bewusstsein der Andächtigen als ultimativer Bezugsperson aus dem göttlichen Bereich, als eines Super-Du sozusagen für das vereinzelte Ich auf den Knien.

Das Super-Du stellte sehr harte Forderungen. Um das zu begreifen und zu bejahen, waren nach dem Willen Loyolas vier Wochen der Einkehr erforderlich, mit täglich fünf Stunden Meditation oder Kontemplation, beaufsichtigt von einem Seelenführer, dem keine Gefühlsregung verborgen blieb. Ziel dieses geistlichen Exerzierens (*ejercicios espirituales*) war die Umkrempelung der Person, ihre Befähigung zum lebenslangen Dienst unter einem überirdischen Kommandanten, der nie ganz zufrieden war. Loyola war vor seiner Bekehrung ein *caballero* gewesen, erfahren im Waffenhandwerk, und dementsprechend militärisch sind die Anweisungen für seine Jesus-Kompanie *(compania de Jesús)* gehalten. Zutritt für Frauen verboten. Im Todesjahr Loyolas waren tausend Jesuiten tätig, in Europa, Asien und Amerika. Der rastloseste unter ihnen, Francisco de Javier (gest. 1552), gelangte bis Japan und hielt die indischen Brahmanen für die abgefeimtesten Schurken der Welt. Als er zu seiner letzten Reise nach China aufbrach, waren die in Goa zurückbleibenden Genossen zwar traurig, trösteten sich aber bei dem Gedanken, Javier sei reif für die Palme des Martyriums.

Javier starb zwar im Bett, aber seine Nachfolger in Japan mussten mitunter die gemeinsten Quälereien erdulden, kamen vor der Hinrichtung in Käfige, die keine Bewegung zuließen, hingen tagelang mit dem Kopf nach unten über einer Grube. Wiederholt wurden sie, als Vertreter der europäischen Kolonialmächte, des Landes verwiesen, kehrten trotzdem verkleidet zurück und setzten heimlich ihre Missionstätigkeit fort, mit erstaunlichem Erfolg, denn allein die Zahl der in den ersten hundert Jahren hingerichteten Neuchristen geht in die Tausende. Mit der Schließung aller japanischen Häfen im Jahr 1639 war dann jegliche Missionierung beendet, bis zur Mitte des 19. Jahrhunderts.

Vorhang auf für den deutschen Jesuiten Hugo Lassalle (1898–1990), der den größten Teil seines Lebens in Japan verbrachte und als alter Herr zum Zen-Meister avancierte. Mit dem Buddhismus hatte er sich deshalb eingelassen, weil er selbst nach jahrzehntelangem Aufenthalt in Japan das Gefühl nicht los wurde, von der Mentalität seines Gastlandes keine Ahnung zu haben. Er hatte zwei Weltkriege miterlebt, den zweiten in Hiroschima. Danach sammelte er auf ausgedehnten Vortragsreisen in den USA und Europa Geld für den Bau der Friedenskirche in der zerstörten Stadt. Einweihung 1954.

Das Leben dieses ungewöhnlichen Mannes wirkt wie ein Lehrstück für die wachsenden Anhängerschaften der Schnellkurse für mentales Training, Meditation, Tiefenentspannung und ähnlicher Hilfen im globalisierten Chaos. Wie jeder Jesuit seiner Zeit hatte Lassalle eine rigorose Ausbildung absolviert, intellektuell und spirituell, die zehn Jahre dauerte, vierwöchige Exerzitien inklusive. Dazu gehörte auch die *disciplina* mit der Hilfe einer Geißel aus geflochtenem Spagat, ferner die Erforschung des Gewissens zwei Mal am Tag. Die Lebensführung orientierte sich an den drei Gelübden der Armut, der Keuschheit und des Gehorsams. Ein Tag ohne Kontemplation nach den Regeln Loyolas war ein verlorener Tag.

Mit dem hageren Lassalle, mindestens einen Kopf größer als die meisten Japaner, stand also im Jahr 1956 die verkörperte geistliche Tradition des christlichen Okzidents vor dem Kloster der Soto-Schule des Zen-Buddhismus in Jokohama und bat den Assistenten des Abtes um Erlaubnis, an einer Übung teilnehmen zu dürfen.

Auch für einen asketisch trainierten Mann waren die nächsten 30 Jahre kein Kinderspiel. Lassalle, der fließend Japanisch sprach, konnte den Anweisungen des Zen-Meisters (Roschi) durchaus folgen. Die Beine allerdings mussten erst lernen, im doppelten Lotus zu sitzen, was zunächst schmerzhaft war. Eine Übung (Seschin) dauerte meist eine Woche und fing mit der ersten Sitzung um halb vier Uhr morgens an, die vierzig Minuten dauerte. Die Pausen zwischen den Sitzungen waren kurz, es gab drei karge Mahlzeiten (Suppe, Reis, Gemüse) und Zeiten für Gartenarbeit, Putzdienst und eine rituelle Audienz beim Roschi, der immer unzufrieden war. Ende war um neun Uhr am Abend. Absolutes Redeverbot.

Das, worauf sich Lassalle während des Sitzens zu konzentrieren hatte, war eine raffinierte Attacke auf den Hausverstand und das logische Denken. Die Zen-Schule, der sich Lassalle anschloss, hielt Hunderte von so genannten Koans bereit, die alle durchzunehmen waren und einen dadaistischen Charakter hatten. Zum Beispiel: Im See liegt in der Tiefe ein Stein. Hole ihn heraus, ohne die Hand zu benutzen.

Die Roschis, mit denen Lassalle während vieler Dutzend Seschins trainierte, waren in der Regel hervorragende Seelenkenner. Sie spürten sehr rasch den Widerstand im Identitätsgefüge des merkwürdigen Ausländers, der unbedingt zu seinem wahren Wesen vordringen wollte, zur Buddhanatur seiner selbst, was immer damit gemeint war. Im persönlichen Kerngehäuse Lassalles wartete Jemand auf die Roschis, mit dem sie nichts anfangen konnten, der Leib Christi.

Beim Jesusgebet, notierte Lassalle in sein Tagebuch, geht man ins Herz und zwar in der Brust. Beim Zen aber in die Unterleibsgegend.

Was tun? Sitzen, sitzen, sitzen. Lassalle hatte gelernt, dass jede Gebetskultur nur mit eingehaltenen Vorsätzen gedeiht. Intellektuell allerdings blieb ein Problem. Der Herr Jesus weigerte sich, vernichtet zu werden, wie das Zen-Programm es verlangte. Wenn du den Buddha auf deinem Weg begegnest, töte ihn. Das galt auch für den Gekreuzigten als Gegenstand des Gebetslebens der Jesuiten. Wo kommen wir da hin, fragte sich Lassalle, wenn das Gegenüber nicht mehr da ist? Der Buddhist urteilt, dass der Christ auf seinem Weg noch nicht bis zu Ende gekommen ist, solange er Gott noch als Person erfährt. Der Christ sagt dagegen, dass der Buddhist noch einen Schritt weitergehen müsse, um zum Letzten, nämlich dem persönlichen Gott zu kommen.

Inzwischen hatte Lassalle begonnen, mit Erlaubnis seiner Oberen Zen-Seminare für ein rasch wachsendes Publikum anzubieten. Sein erstes Buch über Zen erschien 1960, erlebte viele Auflagen und katapultierte den Autor in das international bekannte Spitzenfeld der viel beschäftigten Vortragenden während der Siebziger- und Achtzigerjahre. Sein persönlicher Roschi war mit ihm noch immer nicht zufrieden.

Auch Lassalle zweifelte weiterhin an der Richtigkeit des eingeschlagenen Weges. Was wäre, schrieb er 1983 in sein Tagebuch, wenn es tatsächlich kein göttliches Gegenüber gibt? Hier ist bei mir ein Prozess in Gang gekommen, über den ich mit keinem reden kann, der noch feststeht im traditionellen Glauben. Es geht darum, in einen dunklen Grund einzutreten, wo es immer noch dunkler wird.

Mit Papst Paul VI. hatte Lassalle lieber nicht über die knifflige Gottesfrage gesprochen, als er 1968 zu einer kurzen Audienz empfangen worden war. Der Papst fragte, notierte Lassalle, was ich mache. Antwort: Buddhismus. Papst: Das ist sehr wichtig. Solche Kontakte müssen wir finden. Ich danke Ihnen, ich bete für Sie.

Damit war Lassalle entlassen. Wie hätte der Papst auch wissen sollen, was unter Nicht-Zweiheit (*advaita*) zu verstehen sei? Über diesen Knackpunkt der Gespräche auf dem west-östlichen Diwan wussten nur wenige Kollegen Lassalles etwas zu sagen, und die hielten in der Regel den Mund. Immerhin war in Erfahrung zu bringen, dass es dabei um eine exquisite Erfahrung gehe, vergleichbar dem inneren Augenaufschlag (*satori*) im Zen, dem Ziel aller Mühsal in den zugigen Meditationshallen. Ob er diesen beseligenden Augenblick des Verschwindens aller, auch der theologischen Probleme, während der siebzig Jahre seiner westlichen und östlichen Meditationsübungen je erlebt hatte, blieb für Lassalle bis zu seinem Tod eine offene Frage. Jesus ist der einzige Freund, notierte der alte Jesuit, der mich nie verlassen wird, auf dem einsamen Weg, den ich gehe.

40 Auf eigene Gefahr

Die letzten 40 Jahre brachten japanische, tibetische und indische Meditationskulturen via USA ins postchristliche Europa, freilich in stark verdünnten Formen. Gleichzeitig erwachte das Interesse der Hirnforschung an religiösen Phänomenen, und mittlerweile sind Tausende Forschungsberichte und Monographien über Trancezustände, spirituelle Erfahrungen, über Gläubigkeit und altruistische Gefühle erschienen. Als hilfreich erweisen sich dabei Messtechniken für die im Hirn ablaufenden Ströme per Elektro-Encephalogramm (EEG) und neuerdings auch bildgebende Verfahren (Positronen-Emissions-Tomogramme), die einen Blick auf die jeweils aktiven Hirnregionen erlauben.

So war es beispielsweise möglich, ähnliche Muster im Scheitellappen betender Franziskanerinnen und meditierender Buddhisten zu erkennen, als deutliches Nachlassen der Nerventätigkeit in jenem Hirnbereich, wo die Informationen über Körperempfindungen zusammenlaufen. Kulturell verschiedene Andachtsweisen, ob gottbezogen oder nicht, konnten in diesem Experiment als Entlastung von der sonst geläufigen Unterscheidung zwischen Ich und Nicht-Ich interpretiert werden.

Als gesichert gilt in diesem Zusammenhang die eher überraschende Gleichzeitigkeit von Hirnströmen, die auf ruhevolle Entspannung hindeuten, und solchen, die gesteigerte Aufmerksamkeit signalisieren.

Im Ernst ist mit derlei Spielereien wenig anzufangen. Wer sich mit Gott einlässt, tut das auf eigene Gefahr. Als der Dalai-Lama von einem prominenten Hirnforscher gefragt wurde, wie sich Mitgefühl erzeugen lasse, kam die lachende Antwort: Mit einer Injektion.

Die Pointe dieses Scherzes findet ihre elegante Entsprechung im Bereich der Opioid-Blockade, die bei der Behandlung heroinabhängiger Patienten eingesetzt wird. Sie verschließt langdauernd jene Rezeptoren im Hirn (oben Kapitel 26), die dem Heroin Zutritt ins Nervensystem verschaffen, und verhindert damit, was die Süchtigen so glücklich macht: die Empfindung absoluter Geborgenheit. Interessant wird die Geschichte bei Versuchspersonen ohne Heroinerfahrungen nach Injektion eines kurz wirksamen Antagonisten. Beim plötzlichen Nachlassen der Blockade-Wirkung melden sich dann die biologischen Grundlagen für emotionale Nähe eindrucksvoll zurück, was als zutraulich einbeziehend und sanft beseligend erfahren wird, oft über Tage hinweg, als eine Art mitfühlendes Offensein des Gefühlshaushalts. Damit lässt sich experimentell die physiologische Tatsache belegen, dass es seit der Frühzeit der menschlichen Evolution körpereigene (»endopioide«) Systeme im Hirn gibt, denen sich beim Homo Sapiens die Disposition zu religiös kodierter Andächtigkeit als Ausdruck von bewusstseinserweiterndem Bezogensein verdankt.

Anders (und etwas herzlicher) ausgedrückt: Durch unsere Beharrlichkeit ist Gott gezwungen zu existieren, durch die Gebete bildet sich sein Ohr, durch unsere Tränen können seine Augen sehen, durch Fröhlichkeit erscheint sein Lächeln. Flügel sind gut für Engel. Den Menschen muss zum Fliegen das Gebet genügen. Es steigt auf über Wolken und Regen, über Zimmerdecken und Bäume. Jeder von uns hat einen Engel bei sich.

Bis zum Äussersten

Am 11. September 2001 wurde das Gleichgewicht des Schreckens spektakulär gestört, durch die Untat gottesfürchtiger Männer. Während der weltweit ausgestrahlten Trauerfeier für die Opfer sang Placido Domingo das Ave Maria von Gounod.

41 Wenige sind auserwählt

Nach der Attacke auf das World Trade Center stellte sich heraus, dass der Kopf des Unternehmens eine seiner beiden Reisetaschen wegen verspäteter Ankunft am Flughafen von Boston zurücklassen musste, um American Airlines Flug 11 nach New York zu erreichen. So konnte eine »Geistliche Anleitung« sichergestellt werden, die offensichtlich an das gesamte Todeskommando verteilt worden war. Aus ihr geht hervor, dass die Männer über einen Spiritual (= Seelenführer) verfügten. Dieser schrieb: Der Tag wird kommen, den du mit den schwarzäugigen Jungfrauen im Paradies verbringen wirst.

Der Prototyp einer Person, die auf dem Weg der Selbstvervollkommnung weit vorangeschritten ist und lernwillige Anfänger zu leiten vermag, heißt im Sanskrit *guru* (= Ehrwürden). Modelliert ist die Gestalt nicht von der betenden Gemeinde, sondern vom Willen zur Vereinzelung über jegliches Mittelmaß hinaus. Verkörpert hat sich solche Vorbildhaftigkeit zuerst in den Waldlichtungen und Gebirgen Indiens, später in den christlichen Einsiedeleien Ägyptens und Syriens. Unter Sufi-Brüdern und Derwischen war sie ebenso anzutreffen wie in mittelalterlichen Damenstiften Europas. Im katholischen Frankreich des 17. Jahrhunderts mutierte sie zum Berufsbild des Seelendirektors (*directeur d'âmes*), der die höheren Töchter lehrte, wie sie bei der Morgentoilette schlüpfrige Gedanken abzuwehren hatten.

Im Umgang mit den Gurus aller Zeiten und Kulturen steht die Person stets vor der Wahl zwischen gewöhnlicher und privilegierter Frömmigkeit, zwischen Genussmenschentum und Härte gegen sich selbst. Viele sind berufen, wenige auserwählt. Jesuiten (oben Kapitel 39) wissen das, und anscheinend auch Terroristen.

Die Wurzeln für die Entschiedenheit der Gewalttäter des 11. September reichen tief in den Untergrund des Althergebrachten hinein. Dass Religion den Krieg heiligt, war bereits vor fünftausend Jahren in Ägypten und im Zweistromland die Regel, als Zusammenhang zwischen Blutopfern und stehenden Heeren. Die drei monotheistischen Formationen (Juden, Christen, Muslime) implantierten dann den Vorbehalt gegen Blutopfer ins kulturelle Erbe, blieben jedoch strukturell militant. Die Juden erfanden vor mehr als zweitausend Jahren den Guerillakrieg gegen heidnische Besatzer, die Christen traten den Gang zum Martyrium an, den Muslimen ging es um Welteroberung in Allahs Namen. Alle Abrahamskinder orientierten sich am Ernstfall, dem Tod für Gott.

Hierin liegt der Unterschied zwischen gläubigen und ungläubigen Terroristen. Das zeigte sich wieder einmal nach dem arabisch-israelischen Krieg von 1973, als Yassir Arafat anfing, öfter in die Moschee zu gehen. 1979 machte ein geistlicher Herr in Teheran Revolution, 1996 kamen die Taliban und Osama bin Laden. Dessen persönliche Frömmigkeit ist ebenso bekannt wie seine Beteiligung am Schock des 11. September. Nur dem Abrahamsglauben gelingt das Kunststück, Verlierer in Sieger zu verwandeln.

Der (anonyme) Spiritual für die 19 Terroristen des 11. September ließ deshalb in sein Drehbuch für den Ablauf der Attentate immer wieder Anweisungen einfließen, bestimmte Koranverse zu rezitieren, zur Kräftigung der Person im Gebet. Die Verse sollten an die Militanz Mohammeds erinnern. Die Empfänglichkeit der Adressaten für solch hohe Vorbildwirkung war insofern vorprogrammiert, als es sich bei den Neunzehn um Konvertiten handelte. Ihre Biographien folgen dem klassischen Muster jeglicher Bekehrung zum Strengeren, jener Umkrempelung der Person, ohne die kein religiöser Perfektionismus gedeiht.

Exemplarisch zeigt sich das am Lebenslauf des Chefs der Partie, Mohammed Atta, dessen Foto mit dem harten Zug um den Mund in der Chronik des Schreckens seit 2001 einen hohen Bekanntheitswert erreichte. Geboren 1968 als Sohn eines ägyptischen Anwalts. Abgeschlossenes Architekturstudium in Kairo, anschließend Student an der Technischen Universität Hamburg-Harburg, Fachrichtung Stadtplanung, von 1993 – 1999. Pilgerfahrt nach Mekka 1995. Bezug einer konspirativen Wohnung 1998, Ende 1999 Reise nach Afghanistan, Begegnung mit Osama bin Laden. Im Juli 2000 Übersiedlung nach Florida, Einschreibung in eine Pilotenschule.

Mit ein wenig Küchenpsychologie lässt sich leicht erraten, warum ein wohlerzogener Ägypter im Ausland das Bedürfnis entwickelt, Freunde unter gleichfalls emigrierten Landsleuten zu finden. In Hamburg gab es eine muslimische Gebetsgruppe an der Technischen Universität, und in ihr fand der junge Mann jene Geborgenheit, die er als Fremder in Deutschland vermisste. Er traf auf Gesinnungsgenossen, die seinen stillen Zorn über die Politik der USA und Israels im Nahen Osten teilten, auch seinen Antisemitismus. Sein Körper lernte die Gebetshaltungen und mit ihnen die Demütigung der Person unter den Willen Gottes. Bislang hatte er die Frage nach der Sinnhaftigkeit einer angepassten Existenz nicht gestellt, aber die konsumorientierten Lebensformen seines Gastlandes stießen ihn zunehmend ab, gelockerte Geschlechterbeziehungen inbegriffen. Er begann den Hohlraum in seinem Selbstbewusstsein zu spüren, als spirituelles Hungergefühl. Schließlich wurde ihm gesagt, was seinem Leben die bislang fehlende Richtung gab: Du sollst kämpfen, für Gott. Und zuletzt: Der Tag wird kommen, den du mit den schwarzen Jungfrauen im Paradies verbringen wirst.

Möglicherweise hatte der Spiritual zu viel versprochen.

Die Warnung vor falschen Seelenführern ist alt. Sie steht bereits in den Evangelien. Oppositionelle Muslime brachten die Lästerung von den drei Menschheitsbetrügern Moses, Jesus und Mohammed in Umlauf (oben Kapitel 22), und in Indien weiß jedes Kind, dass viele Scharlatane als Gurus herumlaufen. Je intensiver das Gebetsleben, dies die Erfahrung der Klosterbrüder und –schwestern in Ost und West, desto riskanter gestaltet sich der Aufstieg zur Vollkommenheit (oben Kapitel 21). Deshalb die Suche nach den Seelendirektoren. Die Frage, wer die Kontrolleure kontrolliert, führt zunächst zu den Oberrabbinern, Bischöfen, Ayatollahs. Wer ihnen misstraut, darf sich an eine einfache Regel halten. Seelenführung soll zur Güte anleiten, nicht zum Hass.

42 Im Extremfall

Das Schwert, mit dem der berühmteste Heilige Indiens sich töten wollte, befand sich an der Wand eines Heiligtums der Göttin Kali in der Nähe Kalkuttas, wo der junge Ramakrischna (gest. 1886) als Priester amtete. Ich war von Leiden gequält, erzählte Ramakrischna später, denn er schwankte zwischen Andacht und Zweifel beim Anblick des Standbilds der verehrungswürdigen Mutter, welcher er diente. Bist Du wirklich oder nur eine Einbildung meines Geistes? Warum kann ich Dich nicht sehen? Beim Gedanken, dass ich diese göttliche Erscheinung nicht haben könne, so Ramakrischna weiter, schien mir das Leben nicht mehr lebenswert zu sein. Plötzlich erblickte ich das Schwert, das im Heiligtum hing. Ich stürzte wie ein Toller darauf los, um es zu ergreifen, und auf einmal verschwanden der Tempel und alles andere spurlos vor meinen Augen. Statt dessen sah ich einen Ozean des Geistes, grenzenlos, blendend. Soweit mein Blick reichte, sah ich glänzende Wogen, die von allen Seiten sich erhoben und mit schrecklichem Rauschen auf mich niedergingen. Ich konnte nicht mehr atmen und stürzte wie leblos hin, während mein Inneres von unaussprechlicher Glückseligkeit durchflutet wurde und ich die Gegenwart der göttlichen Mutter fühlte.

Romain Rolland (gest. 1944, Nobelpreis für Literatur 1915) widmete dem Leben des »Götter-Menschen« Ramakrischna eine enthusiastische Beschreibung und korrespondierte mit Sigmund Freud, der ihn bewunderte, über religiöse Gefühle im guten und eigentlichen Sinn. Was Ramakrischna erlebt hatte, in besonderer Intensität, sei die Empfindung von etwas Unbegrenztem, Schrankenlosem, gleichsam Ozeanischem, meinte Rolland. In abgeschwächter Form sei dies auch von Minderbegabten erlebbar.

Oder von Geisteskranken. Als verrückt wurde Ramakrischna jedenfalls von seiner Umgebung wahrgenommen, als sein Benehmen beim Gottesdienst immer seltsamer wurde. Häufige Entraffungen während der Zeremonien. Splitternackt und bewusstlos im Freien angetroffen. Eine Ohrfeige für die steinreiche Erbauerin der Tempelanlage am Ganges, wo Ramakrischna seine Krise durchlebte.

Diese endigte erst nach der Ankunft jener spirituellen Virtuosin, im orangefarbenen Gewand der Weltabgekehrten, eine energische Persönlichkeit, um die Fünfzig, die den exaltierten Kali-Priester in die verschwiegenen Übungen des Tantra einführte, den Tanz mit den hochbrüstigen Joginis, bis die Samenflüssigkeit vom unteren Ende der Wirbelsäule emporstieg und über dem Scheitel als tausendblättriger Lotus erblühte.

Ob ozeanisch oder sonstwie erlebt – die ultimative Beglückung der Person als Ziel aller Fluchtwege aus dem Daseinslabyrinth war auch für Ramakrischna nur durch Umprogrammierung der männlichen Sexualität zu erreichen. Er warnte seine Schüler vor jeglichem Umgang mit Frauen, so wie es auch der Buddha getan hatte. Im Mittelpunkt der Bühne, auf der das Theater dieser Prüderie aufgeführt wurde, stand die allmächtige Mutter, die ihre Novizen mit Vergnügen kastrierte, wenn sie nicht auf der Hut waren.

Die (schwierige) Lektion für die Novizen ist in einer hervorragenden Studie über Ramakrischna aus der Sicht eines indischen Psychoanalytikers skizziert worden. Wichtig zu lernen wäre die Entdeckung und Akzeptanz des weiblichen Anteils im Seelenleben der Zöglinge während des Aufstiegs zu den höheren Graden erwachsenen Daseins. Ob das unbedingt in einem indischen Aschram passieren muss, darf offen bleiben.

Ramakrischna selbst wäre zu seiner Zeit, hätte er in Europa gelebt, mit ziemlicher Sicherheit in einer Nervenklinik gelandet. In Indien hingegen wurde Ramakrischna von einer hochrangigen Theologenkommission examiniert und mit dem Prädikat eines *avatar* (= »Herabgestiegener« im Sinn von Gottesverkörperung) ausgezeichnet, 25 Jahre vor seinem Tod. Damit befand er sich in der Gesellschaft Jesu Christi. Auf diesem hohen Niveau waren konfessionelle Unterschiede selbstverständlich belanglos.

43 Heimkehr

Auch Hitler gilt in Indien als Gottesverkörperung. Sechs von zehn heutigen Studenten am St. Stephen's College in Neu-Delhi nannten seinen Namen, als nach Persönlichkeiten gefragt wurde, die am meisten bewundert werden. Dass in Deutschland und Österreich Hitler wie ein Heiland begrüßt wurde, ist bekannt. Deshalb das eingangs erwähnte Fragezeichen hinter dem Vaterunser. Bei genauerer Betrachtung ist das Fragezeichen ebenso alt wie das Christentum.

Dessen ältestes Gedicht begrüßt den Herrn Jesus als Herabgestiegenen, der auf seine Gottförmigkeit verzichtete,

Menschengestalt annahm, den Tod kostete und dann in die Zeitlosigkeit heimkehrte.

Wer sich solcher Andächtigkeit überlässt, möchte mitgenommen werden (oben Kapitel 21). Herkunft, Gegenwart und Zukunft sind dann nicht mehr der Bewegungsrichtung des Zeitpfeils unterworfen, markiert vom Geburtstag, sondern gehorchen einer Sinngebung, die nicht von dieser Welt ist, entsprechend der Theologie der Letzten Reden des Johannesevangeliums: Ich bin vom Vater ausgegangen und in die Welt gekommen. Nun verlasse ich die Welt wieder und gehe zum Vater.

Gesagt wird das mit einer Einschränkung, die allerdings ist fundamental: Wohin ich gehe, dahin könnt ihr nicht kommen.

Die Gäste des herabgestiegenen Gottes spüren die Zurückweisung, sie möchten ihre Vater-Imago außer Zweifel stellen, und bitten daher: Herr, zeige uns den Vater! Wir wissen nicht, wohin du gehst. Wohin gehst du?

So dringlich sind die Fragen, dass von Petrus hinzugefügt wird: Mein Leben will ich für dich geben.

Die Antwort könnte schroffer kaum ausfallen: Dein Leben willst du für mich geben? Noch ehe der Hahn kräht, wirst du mich dreimal verleugnen. Und: Wer mich gesehen hat, hat den Vater gesehen.

Damit lässt das Christentum nach Johannes die Fragezeichen hinter dem Vaternamen Gottes durchaus stehen, verweist ihn in die Unbegreiflichkeit, tröstet die Hinterbliebenen lediglich mit dem Hinweis des Erlösers: Im Hause meines Vaters sind viele Wohnungen. Ich gehe hin, um euch einen Platz zu bereiten. Dann komme ich wieder und werde euch zu mir nehmen.

Die Distanz zwischen dem Vater des Erlösers und dem Vaterbild menschlicher Vorstellungskraft wird nicht beseitigt. Deshalb das Gebet: Komm wieder! Es ist an den Herrn Jesus gerichtet, nicht an den Vater.

Die Wartezeit bis zur endgültigen Wohnungsverteilung im Haus des Vaters dauerte trotz des inständigen Marana tha (oben Kapitel 3) länger als erwartet. Wie das Zeitliche segnen? Die Welt drehte sich weiter, ohne Jüngstes Gericht, nach den Regeln einer Himmelsmechanik, die unabänderlich schien, mit hoher Ganggenauigkeit, ohne besondere Überraschungen. Wie dieser Dauerhaftigkeit einen Sinn, gar einen Segen abgewinnen?

Durch Kritik am Bestehenden, durch Einführung des Prinzips: bis jetzt; von nun an.

Bis jetzt, so das Evangelium nach Johannes, wurde der Vater in Jerusalem angebetet. Es kommt die Stunde, und sie ist schon da, wo die wahren Anbeter den Vater im Geist und in der Wahrheit anbeten werden.

Damit wanderte die erleuchtete Frömmigkeit weg vom herkömmlichen Gebetsleben, das an heilige Orte und Gnadenpaläste gebunden blieb, hin zu den wenigen Getreuen, die in die Mysterien des Erlösers eingeweiht waren.

Esoterik also. Noch vieles habe ich euch zu sagen, so der Herr Jesus zu seinen Vertrauten, aber ihr könnt es jetzt noch nicht fassen. Es ist gut für euch, dass ich weggehe. Wenn ich nicht weggehe, wird der Tröster nicht zu euch kommen. Wenn er aber kommt, der Geist der Wahrheit, wird er euch zur vollen Einsicht bringen.

Die privilegierte Information, die hier versprochen wird, ist nicht für alle da. Das lässt der johanneische Erlöser sehr deutlich merken, auch wenn sein Evangelium später in allen Kirchen der Christenheit vorgelesen wurde und immer noch wird. Die esoterischen Alternativen sind in der abendländischen Ketzergeschichte nachzulesen. Sie ist immer noch aktuell.

Nach Auschwitz können wir mit größerer Entschiedenheit als je zuvor behaupten, dass eine allmächtige Gottheit entweder nicht allgütig oder total unverständlich wäre.

Dieser harte Befund des Philosophen Hans Jonas (gest. 1993), unvereinbar mit den Glaubenslehren von Gottes Herrschermacht über die Schöpfung, von der Belohnung der Guten und Bestrafung der Bösen, wie sie im jüdischen Gottesdienst gesungen werden, veranlasste den Autor zu einem gedanklichen Ausflug in die kabbalistische Esoterik. Im Anfang, so Jonas, aus unerkennbarer Wahl, entschied der göttliche Grund des Seins, sich dem Zufall, dem Wagnis und der endlosen Mannigfaltigkeit des Werdens anheimzugeben.

Die Lehren des Issak Luria (gest. 1572), auf die sich Jonas bezog, verdanken sich eben jener (spätantiken) Mentalität, die den johanneischen Erlöser konzipierte, unter dem Motto: Gott im Exil.

Nachdem er sich ganz in die werdende Welt hineinbegab, so Jonas abschließend, hat Gott nichts mehr zu geben. Jetzt ist es am Menschen, ihm zu geben. Dies könnte wohl das Geheimnis der unbekannten sechsunddreißig Gerechten sein, die nach jüdischer Lehre der Welt zu ihrem Fortbestand niemals mangeln sollen.

Für Kleingläubige empfiehlt sich ein bewährter Test zur Überprüfung dieser Auffassung: Lebe so, als ob du zu den sechsunddreißig Gerechten gehörtest. Dann verschwindet das Fragezeichen hinter dem Vaterunser.

Das ist auch die Pointe des kühnen Versuchs, dem Einziggeliebten Gottes beim Beten zuzuhören. Am Ende der Letzten Reden des Johannesevangeliums wird erzählt, dass Jesus seine Augen zum Himmel erhoben habe, mit den Worten: Vater, die Stunde ist gekommen. Verherrliche deinen Sohn, damit der Sohn dich verherrliche. Ich will die Meinigen mit mir nehmen, damit sie meine Herrlichkeit schauen.

Wie das funktionieren soll, wird nicht gesagt. Nach wie vor findet der Wunsch des Erlösers in den Gebeten der Christenheit seine Fortsetzung. Ehre sei dem Vater und dem Sohn und dem Heiligen Geist, wie es war im Anfang, so auch jetzt und allezeit und in Ewigkeit. Ausgemalt wird der göttliche Glorienschein (oben Kapitel 6) auf den sakralen Bildern der Himmelsherrlichkeit, mit den Zwölfen in nächster Nähe des Gnadenstuhls, eingegangen in die ewige Heimat.

Die Apokalypse macht aus den zwölf Aposteln vierundzwanzig Älteste auf Thronsesseln, Liturgen der Anbetung des Allherrschers. Drei Kapitel weiter gesellt sich zu ihnen die große Masse derer, die ihre Gewänder im Blut des Lammes gewaschen haben, aus allen Nationen, Stämmen, Völkern und Sprachen. Es sind so viele, dass niemand sie zu zählen vermag, und auch sie feiern Gottesdienst.

In der Realgeschichte wäre ihre Entsprechung unter den Häftlingen der Konzentrationslager Hitlers und Stalins zu suchen, wie der Philosoph Max Horkheimer (gest. 1973) angedeutet hat. Bei einer allfälligen Wohnungsverteilung im Hause des Vaters bekämen die Opfer des Weltgeschehens sicherlich die besten Plätze.

44 Wiederherstellung

Und die Täter? Soll auch für sie gebetet werden?

Wohl kaum, wenn sie für das ewige Höllenfeuer bestimmt sind, im Sinn des christlichen Glaubens an die endgültige Verdammung der Bösen beim Jüngsten Gericht. Das entsprechende Szenario, grandios entworfen vom Verfasser des Matthäusevangeliums, lässt keine Milde walten: Christkönig ist in seiner Herrlichkeit (siehe oben Kapitel 43) aus dem Jenseits zurückgekommen, um die Gesegneten zu scheiden von den Verfluchten, für immer.

Durchgesetzt hat sich diese Sicht der Dinge allerdings nicht gleich nach ihrer Veröffentlichung. Diejenigen, schrieb der Kirchenschriftsteller Origenes (gest. 254 n. Chr.), welche unter dem Regiment Satans dienen und seiner Bosheit gehorsam sind, werden in der zukünftigen Ewigkeit sich zum Guten bekehren können, weil in ihnen ein freier Wille wohnt.

Zu seiner Zeit galt Origenes als prominentester Vertreter christlicher Intelligenz, und auch seine theologische Nachwirkung ist enorm. Er lebte in ungemütlichen Zeiten. Sein Vater war wegen seines Bekenntnisses zum Herrn Jesus in Alexandria hingerichtet worden, und Origenes selbst wurde aus demselben Grund während einer Razzia gegen die Christen gefasst und gefoltert, im Alter von 65 Jahren. Berühmt machte ihn seine Ausgabe der jüdischen Bibel in sechs Kolumnen, die den gesamten Text in hebräischer und griechischer Fassung sowie vier griechische Übersetzungen nebeneinander stellte. Ein Gönner stellte ihm daraufhin eine Mannschaft von Schnellschreibern zur Verfügung, die seine Diktate aufnahm und vervielfältigte, sozusagen Tag und

Nacht, denn der rastlose Mensch hat hunderte, wenn nicht tausende Arbeiten publiziert.

Nur ein kleiner Teil davon ist erhalten geblieben, darunter jener Sprengsatz, der die ewigen Höllenstrafen bestritt, unter der Bezeichnung *apokatastasis* (= Wiederherstellung). Verurteilt wurde diese Auffassung von der letztendlichen Beseitigung des Bösen erstmals im Jahr 553 vom 5. Ökumenischen Konzil von Konstantinopel, dann durch das 4. Laterankonzil 1215 in Rom und später noch ein paar Mal. Die gesunde Lehre besagt, so der »Katechismus der katholischen Kirche« aus dem Jahr 1993, dass es eine Hölle gibt und dass sie ewig dauert.

Nicht so Origenes. Seine Welt bestand ewig, also ohne zeitlichen Anfang und auch ohne zeitliches Ende. Dementsprechend war sein Wiedergutmachungsprogramm nicht auf einer Zeitkoordinate zu platzieren, sondern bezog sich auf den guten Anfang (*arché*) im Sinn eines Gründenden, vergleichbar dem Verhältnis zwischen einem Grundstück und dem Haus darauf, also nicht-kausal.

Im Grund war die Welt des Origenes geistig konzipiert. Alle Materie galt ihm als Resultat einer Störung, als Abfallprodukt, Folge des Übermuts gewisser Geistwesen, denen die Kontemplation Gottes nicht genügte, und schon schmachteten sie zwischen Fleisch und Knochen. Für Origenes hausten nicht nur die Menschen, sondern auch Engel und Dämonen in Einkörperungen, die Engel in helleren, die Dämonen in dunkleren Stoffen, je nach dem Stockwerk, in denen sie untergebracht waren. Zwischen den Stockwerken, um im Bild zu bleiben, gab es Stiegen, sodass ein Teufel zum Erzengel aufsteigen konnte und umgekehrt, oder ein Mensch zum Teufel werden konnte, oder ein Engel zum Menschen, oder ein Mensch zum Engel.

Der ganze Betrieb hatte eine Tendenz, und die führte zurück zum guten Beginn, der sich gegen das schlimm Materielle durchzusetzen hatte, und zwar mit Hilfe eines übernatürlichen Feuers, das dem Guten aus seiner Einkörperung heraushalf wie dem Weingeist aus den Trauben im Verlauf der Destillation mit Hitzeeinwirkung.

Wie lang dieser Prozess dauern würde, das blieb für Origenes außer Betracht. Ganz zuletzt jedenfalls konnte keine Rede mehr von den ewig Verdammten sein, deren Schreie die Lobpreisungen der Seligen kontrapunktierten. Die kühnste Fassung des Wiedergutmachungskonzepts findet sich im so genannten »Buch des Hierotheus« aus den ersten Jahrzehnten des 6. Jahrhunderts. Die Züchtigung wird ein Ende haben, mein Sohn, heißt es dort, der Geißler wird nicht länger geißeln, der Richter nicht mehr richten, der Gefangene wird befreit. Die Höllen werden vergehen. Die Dämonen und die Menschen werden begnadigt, die Engel beendigen ihren Gottesdienst. Gott wird vergehen, Christus sich auflösen, der Geist nicht mehr länger Geist genannt werden. Die Namen werden vergehen, nicht aber das Wesen. Wenn nämlich alle Unterschiede dahin sind, wer soll dann noch Fragen stellen, und wonach? Wer soll dann antworten, und worauf? Nichts geht verloren, nichts wird zerstört, nichts gerät in Vergessenheit. Alles wird wiederhergestellt, alles geheiligt, alles vereint.

Kaum zu glauben. Allerdings gab es Eingeweihte in den Klöstern des christlichen Ostens, die das origenistische Programm als verschlüsselte Einladung zur Meisterprüfung in Mystik lasen. Voraussetzung waren die rigorose Einschränkung der Vitaltriebe (Essen, Trinken, Schlafen, Reden, Sex) und der blinde Gehorsam bei der Befolgung der vorgeschriebenen Regeln. Das Ziel solcher Lebensführung lag im Zusammentreten der ganzen Welt zur Gewissheit unzertrennbarer Einheit, in deren Zentrum die Person sich erlebte, jenseits von Wahrnehmung und Gefühl, ohne inhaltliche Bestimmung.

Was ich mitzuteilen habe, schrieb der Verfasser des »Hierotheus«, hat nicht einmal der Apostel Paulus auszusprechen gewagt. Das Buch wurde deshalb als Geheimschrift weitergereicht, auch nach der Ankunft der Muslime. Zur Zeit des Mongolensturms veröffentlichte der syrische Bischof von Aleppo, Gregor Abu'l Faradsch (gest. 1286), der als Sohn eines jüdischen Arztes unter dem Namen Barhebräus bekannt wurde, einen Kommentar zum Buch des Hierotheus als Darlegung einer Seelenverfassung, die den Grenzverkehr zwischen jüdischen, christlichen und muslimischen Zugehörigkeiten erlaubte.

Bis zur Stunde ist das ein eher riskantes Unternehmen geblieben. Die Arbeit an der Wiederherstellung unschuldiger Verhältnisse kann unter Umständen das Leben kosten.

45 In den Wind gehängt

Nichts Inneres gewaltsam nach außen bringen!

An diese Regel erinnert die tibetische Gebetskultur. Überall im Land flattern sie, die Schnüre mit den Fähnchen aus Stoff, an Bäumen und Häusern, auf Bergspitzen, vor Tempeln, in den Farben der fünf Elemente, beschriftet mit Mantren (oben Kapitel 15), insbesondere mit der Lobpreisung der Lotusblüte (Kapitel 16). Und der Wind bläst auf dem Dach der Welt, er hält die Gebetstexte in Bewegung.

Das genügt. Nicht um die Erfüllung von Wünschen geht es beim Anbringen der Gebetsfahnen, sondern um den Ausdruck des Willens, auf dem richtigen Weg zu sein, um eine Bekräftigung der Absicht, die Welt mit Mitleid zu füllen.

Wer eine Gebetsfahne aufhängen möchte, bedarf keiner besonderen Erlaubnis der Lama-Geistlichen. Die Idee, den Wind beten zu lassen, entzieht sich klerikaler Kontrolle, benötigt keine Einweihungen und taugt nicht für die sensationelle Akrobatik im Religionszirkus. Nicht einmal einer Reise nach Tibet bedarf es, um zu begreifen, was Adam und Eva im Paradies bewog, die Hände zu falten: Wunschlose Absicht.

Anhang

Der folgende Text, erschienen 1973 in dem Sammelband »Kann man noch beten?«, soll den Autor als Beteiligten identifizieren. Zur gleichen Zeit erschien sein »Jesus in schlechter Gesellschaft« auf Spanisch und Portugiesisch, gelangte nach Lateinamerika und wurde dort zu einer Handreichung für die eben entstehende Befreiungstheologie.

Das kräftigste Gebet

Jene Worte Jesu beim »Letzten Abendmahl« werden täglich ein paar hunderttausendmal wiederholt auf Gottes Erdenboden, an Sonntagen und Feiertagen werden jene Worte noch öfter ausgesprochen vor versammelten Menschen, meist in Kirchen und von hierfür ausgewählten offiziellen Personen, in feierlicher Weise und unter Beobachtung gewisser Vorschriften. Die Bezeichnungen für diesen Vorgang sind unterschiedlich nach Sprache und Religionsbekenntnis, in Schottland wird beispielsweise das Abendmahl nur einige Male wiederholt während des Jahres in den Gotteshäusern der Church of Scotland, ansonsten gibt es Hymnen, Gebete und die Predigt. (In der St. Giles' Kathedrale in Edinburgh ist nach dem Sonntagsgottesdienst um 11 Uhr eine heilige Kommunion in einer Seitenkapelle für alle jene Christen verschiedener Konfession, die daran teilzunehmen wünschen. Ich habe einmal daran teilgenommen und damit als katholischer Priester eine diesbezügliche kirchliche Vorschrift verletzt.) Die Teilnahme an solchen Veranstaltungen lässt in den Augen der Religionsdiener zu wünschen übrig, nicht einmal die Hälfte der getauften Christen besucht mit einiger Regelmäßigkeit das Gotteshaus, in den meisten europäischen Großstädten bewegt sich der Anteil der regelmäßigen Gottesdienstbesucher zwischen 10 und 20 Prozent, in den USA werden von Gallup immerhin noch 40 Prozent ermittelt. Unter den regelmäßigen Gottesdienstbesuchern christlicher Religion lässt sich international ein überdurchschnittlich hoher Anteil an älteren Frauen feststellen. Es gibt ca. 1 Milliarde Christen.

Die Mehrzahl der Christen lebt in wirtschaftlich hoch entwickelten Ländern. (Eine wichtige Ausnahme ist Lateinamerika.) Die Mehrzahl der Mohammedaner und Buddhisten lebt in wirtschaftlich schwach entwickelten Ländern. Die so genannten Naturvölker mit ihrer so genannten primitiven Religion sind im Aussterben begriffen.

Die Christen haben meist eine allgemeine Schulpflicht und können daher Bücher über das Gebet lesen. Die Naturvölker, Buddhisten und Mohammedaner können selten lesen und haben außerdem zu wenig Einkünfte, um sich ein Buch über das Gebet kaufen zu können.

Die Christen verfügen über viele Nobelpreisträger, Theologen und Philosophen, die über das Gebet schreiben können. Die nichtchristliche Zweidrittelmehrheit verfügt über den verstorbenen Gandhi als eine bekannte religiöse Persönlichkeit, die vornehmlich durch Hungerstreiks theologisch hervorgetreten ist.

Die Christen benötigen Bücher über das Gebet, es gibt offenbar ein Problem in Bezug auf das Gebet, das Gebet wird nicht mehr mit Selbstverständlichkeit verrichtet wie im

Mittelalter, insbesondere in den gebildeten Schichten erfreut sich das Gebet einer zunehmend geringeren Beliebtheit, aber auch in der arbeitenden Bevölkerung wird weniger gebetet als früher. Wenn Nobelpreisträger, Theologen und Philosophen über das Gebet schreiben, dann sehen sie sich veranlasst, auch die eine oder andere Bemerkung über die Existenz Gottes einzuflechten. Die Existenz Gottes verhält sich umgekehrt proportional zum Wirtschaftswachstum.

Für das Silber aus Lateinamerika, die toten Indianer und die Negersklaven bezahlen die Christen nunmehr einen weltgeschichtlichen Preis, die Nebenkosten der industriellen Ära sind theologischer Art. Der Kinderglaube muss auf der Ausgabenseite verbucht werden, wenn der Saldo stimmen soll.

Eine schriftliche Behandlung des Gebetes gerät dergestalt leicht zur Suche nach einer verlorenen Zeit, wehmütig unverbindlich und folgenlos privat: Es Muss Irgend Etwas Höheres Geben.

Während auf diese Weise und bei meist niedriger Auflage ein christlich abendländischer Seelenrest spiritistisch beschworen wird, vergrößert sich der Abstand der christlichen Volkseinkommen im Vergleich zu den nichtchristlichen Nationalwirtschaften laufend.

Im Zusammenhang mit der ökumenischen Entwicklung in den fortgeschrittenen Ländern sieht sich das moderne Verlagswesen (als Vehikel einschlägiger Reflexion über das Gebet) zu Produktionsformen gezwungen, die nur von großen Unternehmungen wirtschaftlich geleistet werden können, auf längere Sicht. Der Marktwert der Religion muss einigermaßen kalkulierbar sein, wenn man nicht mit Verlust abschließen will. In der Branche wird dieser Marktwert derzeit nicht ungünstig beurteilt, Umfrageergebnisse weisen in diese Richtung. Ich darf weiter schreiben.

Ich habe viel gebetet, öffentlich und privat, ich darf eine gewisse Kompetenz in Anspruch nehmen in Bezug auf das gestellte Thema. Die für Gebete reservierte Zeit im Tagesablauf hat sich erheblich verlängert mit meinem Eintritt ins erzbischöfliche Priesterseminar. Täglich um 6 Uhr Meditation in der Kapelle, eine halbe Stunde später Messe. Nach dem Mittagessen ein kurzer gemeinsamer Besuch in der Kapelle. Abendgebet um 20 Uhr, hernach Silentium allgemein bis zum nächsten Morgen nach der Messe. Fromme Andachten zusätzlich an Samstagen und im Monat Mai, jeden Freitag der Kreuzweg. Zugleich mit der Erteilung der Subdiakonatsweihe erwächst dem Kleriker die Verpflichtung zum täglichen Breviergebet; es handelt sich hierbei um eine Reihe von Psalmen, Lesungen und Gebeten aus alter Zeit und nimmt in der herkömmlichen Form mehr als eine Stunde in Anspruch. Es ist ferner erwünscht, dass der katholische Kleriker den Rosenkranz täglich betet (ca. 20 Minuten), ferner öfter (womöglich einmal wöchentlich) beichtet und eine tägliche Gewissenserforschung vornimmt.

Es mag nicht unerwähnt bleiben, dass ich große Angst gehabt habe vor dem goldenen Kelch mit dem Blut Christi gelegentlich einer Pilgerfahrt nach Rom im Heiligen Jahr 1950. Damals wurden im fahrenden Zug Messen gelesen von den begleitenden Priestern, ich sollte dabei den Kelch halten wegen der Erschütterung während der Fahrt. Jedoch war hierbei ein Verbot zu beachten, den Kelch zu berühren nach der Wandlung für alle, die keine gesalbten Hände hatten, ich aber hatte keine gesalbten Hände damals, noch war ich nicht geweiht und hatte Angst, das Verbotene zu tun, der Beichtvater musste mich beruhigen.

Dann die ersten Messen nach empfangener Priesterweihe und erteilter Salbung der Hände (Daumen, Zeigefinger, Innenfläche der Hand), dieses ängstliche Glück des Angreifendürfens der Hostie, der Priester greift Gott an mit seinen gesalbten Händen, die Engel beneiden ihn darum, zermalmt wird der Priester unter dem Anspruch engelgleicher Reinheit, welcher Frevel für einen Priester, eine Frau in unkeuscher Weise zu berühren und danach wieder Gott zu berühren.

Ich bin unterwiesen worden im Gebet fünf Jahre hindurch, während der Ausbildung im erzbischöflichen Priesterseminar. Das Gebet wird eingeteilt in privates und öffentliches, mündliches und stilles (innerliches) Gebet. Das öffentliche Gebet ist meist mündlich, das private Gebet kann sowohl mündlich als auch still sein, je nachdem, ob man die Worte der Gebete laut ausspricht oder nicht oder auch gar keine Worte bildet innerlich, ob man sich an bestimmte Texte hält oder in freien improvisierten Formulierungen betet. Die wortlose private Form des Gebetes wird auch Kontemplation genannt, was soviel wie Beschauung bedeutet. Die Kontemplation fällt bereits in das Gebiet der Mystik und weist gewisse Berührungspunkte zu ähnlichen Formen in anderen Religionen auf.

Wehe dem Priester, der über kein Gebetsleben verfügt (ist mir gesagt worden), ihm droht die Gefahr der Verweltlichung. Das private Gebetsleben des Priesters stützt sozusagen seine öffentliche Gebetstätigkeit; wenn der Priester am privaten Gebet keinen Gefallen findet, kann auch seine öffentliche Frömmigkeit Schaden leiden, es könnte dann geschehen, dass er in wenig andächtiger Weise die Messe liest, es sei dies der Anfang vom Ende.

Allerlei Drohungen also während meiner Ausbildung im Gebetsleben, verbunden mit positiven Gedanken über den betenden Jesus nächtlich allein auf dem Berg, auch der Priester muss einsam bleiben, schon Plotin hat die Einsamkeit der zu Gott flüchtenden Seele erkannt, wir können uns diesbezüglich auf eine ehrwürdige Tradition berufen. Die Abhandlung von Friedrich Heiler über das Gebet aus dem Jahre 1923 ist immer noch lesenswert. Die praktische Ausbildung im Beten wird durch die theoretische Unterweisung seitens der katholisch-theologischen Fakultät wissenschaftlich ergänzt.

Im Kern der Unterweisung praktischer und theoretischer Art steht die Messe. Was ich tun werde als Priester, entspricht dem klaren Willen Christi, Priesterweihe und Priesteramt sind von ihm »eingesetzt« und gestiftet, wie auch die römische Kirche selbstverständlich. Die Messe stellt eine unblutige Wiederholung des blutigen Opfers Christi am Kreuz dar. Opfern und Beten gehören zusammen bei einem frommen Priester, schon durch die Kleidung muss sich der Priester von den Weltmenschen unterscheiden, bei diesen handelt es sich meist um »äußerliche« Menschen, der Priester hat ein »innerlicher« Mensch zu sein, welcher ein Gebetsleben führt, ein Opferleben. Seine persönlichen Leiden solle der Priester »aufopfern«, ohne Opfergesinnung sei ein »geistliches Leben« nicht viel wert.

Durch längeres Knien wird dieser Zusammenhang sinnlich in schmerzlicher Weise erfahren, ängstlich verharre ich möglichst lang in kniender Haltung, nach und nach bildet sich eine harte Haut auf den Knien während der fünf Jahre im erzbischöflichen Priesterseminar, meine Vorgesetzten können mit mir zufrieden sein, die Psychoanalytiker können mit mir zufrieden sein als Studienobjekt. Vielleicht habe ich einen Vater gesucht beim Beten, Dr. Freud hat sich in dieser Richtung wiederholt ausgesprochen.

Durch zehn Jahre etwa befindet sich der Vater vor mir beim Messelesen, die Gläubigen befinden sich hinter meinem Rücken. Die herkömmliche Messe gleicht einer erstarrten Prozession mit dem Priester voran, alle blicken nach vorn zum Allmächtigen, so wird der Vater auch angerufen in den Gebeten der Messe. Ewiger, Heiliger, Herr, Gott. Die allerhöchste Majestät wird flüsternd angerufen vom Priester in lateinischer Sprache, nur an bestimmten Stellen hebt der Priester die Stimme, wendet sich zum Volk, sagt Dominus Vobiscum. Das Volk besteht an den Wochentagen aus wenigen älteren Frauen, die kommen um 6 Uhr in die Kirche zur Frühmesse. Die Augen des Priesters unterliegen bestimmten Vorschriften während der Messe, sie schauen in das Messbuch, ruhen auf der Hostie, erheben sich zum Altarkreuz. Die Hände des Priesters sind vorschriftsmäßig gefaltet oder in Schulterhöhe erhoben. Der Oberkörper des Priesters hat sich an bestimmten Stellen zu verneigen, der Kopf verneigt sich bei der Nennung bestimmter heiliger Namen in den Gebeten, der Mund des Priesters küsst den Altar bei bestimmten Gelegenheiten. Nur der göttlichen Majestät ist das Gesicht des Priesters ausgesetzt während der Messe, ich bete zu einer strengen gnädigen väterlichen Majestät 10 Jahre hindurch submissa voce (ablativus instrumenti: mit unterdrückter Stimme), dann setzt sich Dr. Luther durch in der römischen Kirche.

Unter selbstverständlicher unveränderter Voraussetzung der Existenz Gottes wendet sich der Priester nunmehr dem Volk zu während der Messe, verzichtet aufs Latein. Die Augen des Priesters sehen sich im Zusammenhang mit den liturgischen Reformen der römischen Kirche während der sechziger Jahre von einer anderen Theologie bestimmt, richten sich auf die Gläubigen, Gott befindet sich nunmehr irgendwo in der Mitte zwischen mir und den älteren Frauen, man darf in diesem Zusammenhang von einer gewissen Umstellung sprechen. Zwischen der Ermordung des Präsidenten Kennedy und der russischen Intervention in der Tschechoslowakei findet in der römischen Kirche eine theologische Umstellung statt in Bezug auf die Haltung des Priesters bei den Gebeten der Messe. Es bleibt abzuwarten, was dabei herauskommt für das christliche Abendland und die nichtchristliche analphabetische unterentwickelte Zweidrittelmehrheit auf Gottes Erdenboden.

Öfter als bisher richten sich meine Augen auf die wenigen älteren Frauen während der Messe, es erhebt sich die Frage, in welcher Weise ich ihnen dienlich bin mit meinen Gebeten. Es darf behauptet werden, dass ältere Frauen kaum zu den gesellschaftlich bevorzugten Schichten zählen, meist leben sie in dürftigen Verhältnissen, fühlen sich einsam und von der Welt vergessen. Es ist der Fall, dass meine Gebete hauptsächlich von älteren Frauen geschätzt werden, diese besitzen keinen Führerschein und kein Automobil. Es besteht ein Zusammenhang zwischen den älteren Frauen und dem Beten, man kann diesen Zusammenhang den Seufzer der bedrängten Kreatur nennen. Ich wiederhole jene Worte Jesu beim Letzten Abendmahl vornehmlich für ältere Frauen, die können die erforderlichen sozialen Reformen bzw. die Weltrevolution nicht mehr abwarten, sie müssen bald sterben. Simone de Beauvoir hat ein Buch über das Alter geschrieben in sozialkritischer Weise, die älteren Frauen in der Kirche verfügen allerdings nicht über die erforderliche Bildung, um ein Buch der Beauvoir lesen zu können, sie wissen nicht einmal, wie man den Namen der Beauvoir ausspricht. Hingegen verfügen sie über eine angemessene Erfahrung von der Langsamkeit der Vermittlungen und dem Gewicht der Unterbauten, die älteren Frauen wissen mit anderen Worten sehr genau, dass sie das Paradies auf Erden mitnichten erleben werden. Im Umgang mit älteren Frauen kann ein sehr bestimmter Zorn, eine sehr bestimmte Trauer gelernt werden im Sinn Jesu, dessen Worte man vor älteren Frauen wiederholt gelegentlich der Messe.

Den älteren Frauen im christlichen Abendland und den Slumbewohnern anderswo ist übel mitgespielt worden von der so genannten Weltgeschichte, und zwar in doppelter Weise. Nicht nur in ihrer Lage liegt ihre wirkliche Schmach, schmachvoller noch ist ihre Angewiesenheit auf das Beten allein ganz ohne wirksame Möglichkeit des Protestes gegen ihr Elend. Wo diese Ohnmacht nicht manifest wird, gerät das öffentliche christliche Gebet zum Pfaffentrug, wird zum Beschwichtigungsritual und zur Verewigung jener Verhältnisse, gegen die der reale Jesus sehr wohl aufgetreten ist.

Es fällt auf in diesem Zusammenhang, dass in der Christenheit trotz schwindender Bereitschaft zum öffentlichen Beten eine gewisse Neigung zur Erhaltung der bestehenden Gebetseinrichtungen festzustellen ist, in den deutschsprachigen Ländern signalisiert durch die Kirchensteuer. Diese wird mehrheitlich durchaus bezahlt, wenn auch nicht unbedingt freudig und gern. Offenbar wünschen die getauften Automobilisten, dass weiterhin Glocken läuten (wenn auch nicht allzu zeitig am Morgen) und Kerzen angezündet, Kirchtürme renoviert und Orgeln bespielt werden. Dass Pfarrer, Pastoren und Prediger weiterhin betend tätig bleiben, dafür werden sie bezahlt. Es handelt sich hierbei um einen einigermaßen dunklen Wunsch, wird doch der Ablauf der einschlägigen gottesdienstlichen Veranstaltungen im Durchschnitt eher selten direkt beobachtet, nur zu den heiligen Zeiten füllen sich die Kirchen mehr als sonst.

Meine Tätigkeit und die Tätigkeit meiner Kollegen wird durch einen Satz ermöglicht, der in seiner Unbestimmtheit ökonomisch wirksam bleibt bei der Aufrechterhaltung der bestehenden Gebetsordnung: Es Muss Irgend Etwas Höheres Geben.

Mein Gehalt als Kaplan wird von der Kirchensteuer bezahlt, und nicht von den älteren Frauen, die automobilistische Christenheit macht es mir möglich, jene Worte Jesu beim Letzten Abendmahl vor älteren Frauen zu wiederholen in einem würdigen Rahmen, vielleicht trage ich auf diese Weise dazu bei, dass die Selbstmordrate unter älteren Frauen verhältnismäßig konstant bleibt.

Als Fachmann mit fast 20jähriger Gebetspraxis gestatte ich mir hiermit, dem geneigten Publikum einen gedanklichen

Vorschlag zu unterbreiten. Hierbei gehe ich von der Tatsache aus, dass es mich selbst, meine Fachkollegen, die Kirchensteuer und die älteren Frauen noch gibt, dass die verschiedenen Gebete sich mithin einer gewissen öffentlichen Unterstützung erfreuen. Wie schon gesagt, ist der Grund für diese öffentliche Subventionierung des amtlichen Betens eher ein dunkler zu nennen, die Meinungen der Nobelpreisträger, Theologen und Philosophen gehen hier ziemlich weit auseinander. Ich möchte daher vorschlagen, diesen dunklen Grund der Einfachheit halber den Rest zu nennen, vergleichbar der ebenso benannten Zahl der Divisionen, die nicht aufgehen, solange man auch rechnen mag.

Der Vorteil dieser Bezeichnung liegt darin, dass mit ihr einer Tatsache Rechnung getragen wird, die ohne langes Nachdenken mit Leichtigkeit für jedermann erkennbar ist: dass wir alle sterben müssen.

Tatsächlich wird der Tod in den meisten Fällen als störend empfunden, der Vergleich mit einer nicht aufgehenden Rechnung mag daher angebracht sein. Das, was wir als unser Leben zu bezeichnen gewohnt sind, will nicht ganz aufgehen sozusagen, etwas Unerledigtes bleibt übrig. Unerledigt ist so ziemlich alles, was mit dem Tod zusammenhängt in näherer oder entfernterer Weise, die älteren Frauen und eine gescheiterte Liebesbeziehung, die verhungernden Kinder in der so genannten Dritten Welt und die Unfallopfer in den Großstädten. Dies Unerledigte möchte ich vorschlagen, den Rest zu nennen der Einfachheit halber, besser noch: den Seelenrest.

Dies deshalb, weil wir in einer nachchristlichen Ära uns seit längerer Zeit aufhalten, diese hat den alten Gottesglauben verblassen lassen in kollektiver Weise mitsamt der damit verbundenen Jenseitshoffnung durchaus, der alte Glaube lebt nur mehr in Minderheiten einigermaßen intakt fort. Sodass also die alten religiösen Inhalte mit einer gewissen Berechtigung als ein Rest bezeichnet werden können in einem doppelten Sinn. Nämlich als Überbleibsel und als Unerledigtsein, trotz Nietzsche und Massenkonsum, als vage empfundener Hunger in uns nach etwas, das wir nicht genau anzugeben vermögen, auch dann nicht, wenn die vermeidbaren Übel auf dieser Welt sozialkritisch aufgezählt worden sind, und man darangegangen ist, diesen Übeln zu steuern nach und nach (was ohnehin nur höchst unzulänglich geschieht), selbst in diesem hypothetischen Fall regt sich das, was man Seele nennt, immer noch unruhig und auf der Suche befindlich, in zwiespältiger und nicht eben imponierender Weise zumeist, also: der Seelenrest.

Die heute allgemein verbreitete Formel für den Seelenrest lautet demnach: Es Muss Irgend Etwas Höheres Geben.

Der Seelenrest vermag kaum mehr zu beten, aber er unterstützt die bestehenden Gebetseinrichtungen. Bei aller gebotenen Bescheidenheit gegenüber Nobelpreisträgern, Theologen und Philosophen möchte ich daher nicht verabsäumen, mich in aller Form beim Seelenrest zu bedanken, denn dieser ist es, der mir meine derzeitige Existenz ermöglicht. Der Seelenrest des vormals christlichen Abendlandes gestattet mir, weiterzuschreiben, weiterzubeten in öffentlicher Weise.

An dieser Stelle muss ich gestehen, dass auch in meinem Fall von der im erzbischöflichen Priesterseminar erworbenen Gebetspraxis nur noch ein Rest vorhanden ist. Wenn alle Kultur (nach einer Bemerkung Max Webers) mit jedem Schritt zu einer immer vernichtenderen Sinnlosigkeit verdammt scheint, dann fällt dieser Schein auch auf die Gottesgewissheit meiner Jugend. Ich vermag mich als Zeitgenosse nicht dem zweiflerischen Aspekt des Seelenrestes zu entziehen, diesem Ausverkauf der Ideen und Überzeugungen zu reduzierten Preisen, in dieser Lage betet es sich auch für mich ziemlich schlecht.

In der Muttersprache klingen die alten Anreden Gottes während der Messe eher seltsam (nach Auschwitz): Majestät, Herr, Allmächtiger. (Jesus hat niemals so gesprochen. Monarchianismus und Subordinatianismus sind christliche Irrlehren aus der Antike, die wurden zurückgewiesen schon vor 1500 Jahren, eine monarchische Auffassung Gottes inklusive Subordination kann sich nicht auf Jesus berufen.) Die Verabschiedung der alleruntertänigsten Haltung in der Frömmigkeit kann als Erleichterung begriffen werden, diesfalls haben wir keinen Grund zur Trauer.

Wie Gott anzusprechen sei, das ist zu einem Problem geworden für viele, nicht nur für mich, selbst das vertraute Du ist nicht mehr selbstverständlich nach stattgefundenem Atheismus im christlichen Abendland. Zu Irgend Etwas kann man kaum Du sagen, der Gott der Nobelpreisträger, Theologen und Philosophen empfindet eine solche Vertraulichkeit als zudringlich, diesfalls sollte man eher von einem Prinzip (Ordnungsprinzip, Hoffnungsprinzip etc.) sprechen.

Du Prinzip klingt als Gebet unpassend, zu einem Prinzip kann man nicht beten.

Die Menschen sagen: Eia, ich möchte gern, dass mir so wohl im Umgang mit Gott wäre und dass ich soviel Andacht und Frieden mit Gott hätte, wie andere Leute haben.

So beschreibt Meister Eckhart (gest. 1329) das Hungergefühl in unser aller Seelenrest und fährt mahnend fort: Die Leute, die da Frieden suchen in äußeren Dingen, es sei in Stätten, oder in Weisen, oder in Leuten, oder in Werken, oder es sei die Fremde oder die Armut oder die Schmach, wie groß oder was immer es sei, das bedeutet dennoch alles nichts und gibt keinen Frieden. Die suchen auf völlig unrichtige Weise, die so suchen. Je weiter sie hinausgehen, umso weniger finden sie, was sie suchen. Sie gehen wie einer, der seinen Weg verloren hat. Je weiter er geht, umso mehr verirrt er sich. Was soll er tun? Er soll sich selber zuerst lassen, dann hat er alle Dinge gelassen.

Eckhart formuliert als Appell ans Individuum, was heute kollektiv herzustellen wäre, wenn anders die Beschäftigung mit dem Gebet nicht eine folgenlos private bleiben soll: Das kräftigste Gebet und beinahe das allmächtigste, um alle Dinge zu erwerben, und das allerwürdigste Werk vor allen ist jenes, das da hervorgeht aus einem ledigen Gemüt.

Anders ausgedrückt: Man soll nicht über das Gebet sprechen, ohne an den Automobilismus zu denken und sonstige Weisen und Werke, worin das Gemüt seinen Frieden sucht (und ihn doch nicht findet).

So gesehen, stellt unser aller gottloser Seelenrest einen gar nicht verächtlichen Antrieb zur Utopie des ledigen Gemüts bzw. der klassenlosen Gesellschaft dar, konträr zum Automobilismus bzw. den Werken und Weisen der industriellen Ära.

Daraus folgt, dass ohne Weltablehnung bzw. rücksichtslose Kritik der bestehenden Verhältnisse eine jegliche Rede über das Beten zum bloßen Ansinnen gerät, vergleichbar der Haltung jenes Menschen im Jakobusbrief, der sein Antlitz im Spiegel betrachtet und hernach vergisst, wie er ausgesehen hat.

Was die hinterbliebenen Frommen heute zur kollektiven Beförderung der Utopie des ledigen Gemüts beitragen können, hat Meister Eckhart ebenfalls angedeutet: Das Höchste und Nächste, das der Mensch lassen kann, das ist, dass er Gott um Gottes willen lasse.

Heute, da ich dieses schreibe, werde ich am Abend in die Kirche hinuntergehen und jene Worte Jesu wiederholen vor älteren Frauen, die bald sterben müssen, werde die Hostie essen und Hostien an ältere Frauen austeilen und nach 20 Minuten wieder zurückkehren in meine Wohnung hier im Pfarrhaus.

Es ist mein Privileg, dass ich diesen einfachen und unbeachteten Vorgang einem breiteren Publikum mitteilen darf, dies hat in der Mehrzahl schon längere Zeit keine Hostie mehr gegessen, interessiert sich jedoch in irgendeiner dunklen Weise für das Gebet, in einer gottlosen, industriellen automobilistischen Weise, vermittelt durch das private Lesen von Aufsätzen über das Gebet.

Es kann diesem Publikum nicht ohne weiteres zugemutet werden, schlicht zu den Gewohnheiten der vormals christlichen Völker zurückzukehren und wie einst in Dorf und kleiner Stadt an den Sonntagen einträchtig zur Kirche zu wallen, um dort das zu tun, wovon das persönliche private Gebet seine Gewissheit hat. Diese Zeiten sind vorüber, und mit ihnen jene kollektiv anerkannten Weisen des Betens, die den einzelnen Betern zur fraglosen Voraussetzung ihrer eigenen Verrichtung werden konnten. Gegenwärtig ist eine solche Allgemeinheit nicht vorhanden, und die Privatpersonen suchen ihr Irgend Etwas in der Natur oder im Zen-Buddhismus oder bei Beethoven oder suchen es auch gar nicht und gehen lieber baden.

Noch ist mir die Gleichgültigkeit der Schulkinder in Erinnerung, die ich vor 15 Jahren in Religion unterrichtet habe, dieses Desinteresse an der Erzählung der Vorgänge bei jenem Abendmahl des Heilands mit seinen Jüngern. Mit Mühe nur konnte eine gewisse Aufmerksamkeit erreicht werden bei den Schulkindern, einige haben von mir eine Strafarbeit bekommen wegen Schwätzens bei der Erzählung vom Abendmahl. Irgend etwas hat bei diesem Religionsunterricht nicht gestimmt, wahrscheinlich sollte man aufhören mit dieser Art des Religionsunterrichtes und schweigen lernen über das, wovon man nicht sprechen kann.

An den Flüssen Babylons saßen wir und weinten, da wir Zions gedachten. An den Weiden in jenem Lande hängten wir unsere Harfen auf. Denn die uns hinweggeführt, wollten Lieder hören, die uns bedrückten, forderten einen Freudengesang. Wie sollten wir ein Gotteslied singen im Land der Fremden.

Mit dem Himmelsvater ist eine Schönheit entwichen aus den menschlichen Verhältnissen, die lässt sich nicht herbeipredigen mit Hilfe eines kirchlichen Beharrungswillens trotziger Art, die Harfen bleiben aufgehängt wie im 137. Psalm.

Dieser ist allerdings ein (biblisches) Gebet, voll von Trauer und Zorn, und nicht nur an die Adresse Gottes gerichtet, sondern auch an jene der Unterdrücker.

Die Beter des 137. Psalms halten die Erinnerung an Zion wach im Land der Unterdrückung, in der Fremde, sie denken nicht daran, ihr Eigenes geschwätzig preiszugeben an die Tochter Babylon, die Verwüsterin.

Solange Militärparaden abgehalten werden dürfen, darf auch die Messe gelesen werden für ältere Frauen und sonstige Bedrückte. Was dabei vor sich geht bzw. vor sich gehen sollte, kann hier nur andeutungsweise gesagt werden. Die Tochter Babylon hat Geld genug, um sich auch einmal ein Buch über das Gebet kaufen zu können. Die Tochter Babylon (an anderer biblischer Stelle auch Mutter der Huren genannt) sitzt gelegentlich auch in der Kirche. Ich muss vorsichtig sein beim Weiterschreiben.

Vor älteren Frauen und sonstigen Bedrückten soll die Erinnerung wachgehalten werden an einen, der sich nicht angefreundet hat mit der alten Babylon und ein lediges Gemüt hatte. Er hat die Mazzen gebrochen und seinen Freunden gegeben beim Osteressen und dazu gesagt: Mein Leib. Ferner hat er den Wein sein Blut genannt. Am nächsten Tag war er tot.

Später ist zu ihm gebetet worden als einem Gott, was nicht in seiner Absicht lag.

Die Wiederholung jener Worte Jesu beim Letzten Abendmahl während der Messe heißt: Wandlung.

Die Austeilung der verwandelten Hostien an die Gläubigen heißt: Kommunion.

So ist eine Zuversicht aufgerichtet worden konträr zur kaufmännisch denkenden Babylon, als Wandelbarkeit der Zustände und Verhältnisse insgemein (inklusive Sterbenmüssen) und als Eröffnung einer liebevollen Gemeinsamkeit unter den Menschen konträr zum herkömmlichen Denken in Rängen und Plätzen, dieser alten aggressiven Hackordnung – freilich mit mäßigem Erfolg, weltgeschichtlich betrachtet. Die Utopie des ledigen Gemüts hat sich nur in sehr begrenztem Umfang durchzusetzen vermocht unter den Menschen, wir müssen weiterhin sterben, ohne das Paradies betreten zu haben.

Hierin liegt der Grund für die Wiederholung jener Worte des Heilands beim Letzten Abendmahl und die Austeilung der verwandelten Hostien an ältere Frauen und sonstige Bedrückte.

Im Übrigen überliefert Matthäus ein Jesuswort, das in der heutigen Lage beherzigenswert ist: Wenn ihr aber betet, plappert nicht daher wie die Heiden. Denn diese meinen erhört zu werden, wenn sie viele Worte machen. Macht es also nicht wie sie.

Anmerkungen

Die Zahlen am Rand verweisen auf die jeweilige Seite des Textes, auf die sich die Anmerkungen beziehen. Öfter angeführte Arbeiten werden das erste Mal bibliographisch voll ausgewiesen und in der Folge abgekürzt zitiert. Hinweise auf Artikel in Fachlexika und Handwörterbüchern werden nur in Ausnahmefällen gegeben. Die Übersetzung biblischer Bücher orientiert sich an der »Jerusalemer Bibel« (Hrsg. Diego Arenhoevel, Alfons Deissler, Anton Vögtle), Freiburg 1968.

9 Zusammenhang zwischen Armut und Gottesfurcht: Vgl. Pippa Norris – Ronald Inglehart, Sacred and Secular. Religion and Politics Worldwide, Cambridge 2004.
Wozu dann Gott: Alexis Carell – Ludwig Marcuse – H.W. Auden – Karl Barth – Adolf Holl, Kann man noch beten?, Zürich 1973, 30.

10 Das Bändchen: Carell u. a., Kann man noch beten?

11 Lallwort der Kleinkindersprache: Günther Schwarz, Worte des Rabbi Jeschu. Eine Wiederherstellung, Graz 2003, 27.
Wir sind Kinder: Brief an die Galater 4,4–7.

12 Zu einem Kind: Ernst Bloch, Das Prinzip Hoffnung, Frankfurt am Main 1959, 1482.
Ein einziges Mal: Matthäusevangelium 27,46–50.

13 In einem Stoßgebet: Erster Brief an die Korinther 16,22. – Im Aramäischen ist auch die Lesart *Maran atha* (= unser Herr ist gekommen) möglich (Günther Schwarz, Brief vom 22.4.2005 an den Verf.).
Eine kleine Weile: Johannesevangelium 16,16.

14 Interpretierte das Hocus Pocus: The Oxford English Dictionary Vol. VII, Oxford 1989, 281.
Hoc est enim Corpus Meum: Denn das ist mein Körper.
Festgeschrieben auf dem Konzil von Trient: Ludwig Ott, Grundriss der katholischen Dogmatik, Freiburg 1952, 436.
Die biblische Geschichte: Matthäusevangelium 26,26–28; Markusevangelium 14,22–24; Lukasevangelium 22,17–20.

15 Verkündet ihr den Tod des Herrn: Erster Brief an die Korinther 11,26.

Zu uns komme dein Reich: Vgl. Bernhard Lang, Heiliges Spiel. Eine Geschichte des christlichen Gottesdienstes, München 1998, 97–99.
Ein lähmendes Siechtum: Henricus Denzinger – Adolfus Schönmetzer (Hrsg.), Enchiridion Symbolorum, Definitionum et Declarationum de Rebus Fidei et Morum, Freiburg 1973, 1644.

16 Der spanische Botschafter: Keith Thomas, Religion and the Decline of Magic, Harmondsworth 1973, 198.
Als magische Beschwörung: A. a. O. 62.
Im Rom nachgeholt wurde: Am 4. Dezember 1963.
Was jener Rabbi Jeschu im Sinn hatte: Lang, Heiliges Spiel 241–261.
Der frühchristliche Einfall: Vgl. Adolf Holl, Der lachende Christus, Wien 2005, 204.
Im heutigen Italien: Thomas Hauschild, Magie und Macht in Italien. Über Frauenzauber, Kirche und Politik, Gifkendorf 2002, 202.

17 Beim bösen Blick: Vgl. Thomas Hauschild, Der böse Blick. Ideengeschichtliche und sozialpsychologische Untersuchungen, Berlin 1982, 105f.
Aller guten Dinge: Friedrich Heiler, Erscheinungsformen und Wesen der Religion, Stuttgart 1961, 163.
Zum sechsten Palast: Gershom Scholem, Die jüdische Mystik in ihren Hauptströmungen, Frankfurt am Main 1957, 84.

18 Dortselbst erblickte er: Jesaja 6,1–5.
Opium des Volks: Karl Marx – Friedrich Engels, Historisch-kritische Gesamtsausgabe Band 1, Frankfurt am Main 1927, 607f.
Enkel eines Rabbiners: Vgl. Volker Elis Pilgrim, Adieu Marx. Gewalt und Ausbeutung im Hause des Wortführers, Reinbek 1990, 225.
Gottesfurcht ist aller Erkenntnis Beginn: Buch der Sprüche 1,7.
Nach dem Kyrie eleison: Herr, erbarme dich – im Griechischen eine vorchristliche Götteranrufung. Vgl. Heiler, Erscheinungsformen und Wesen der Religion 272.

19 Geschah die Menschwerdung Gottes: Lukasevangelium 2,8–14. Vgl. Heinz Schürmann, Das Lukasevangelium, Erster Teil, Freiburg 1969, 98–115.

21 Das richtige Credo: Denzinger-Schönmetzer, Enchiridion Symbolorum 125.

Narben von Folterungen: Vgl. Hubert Jedin, Kleine Konziliengeschichte. Die zwanzig ökumenischen Konzilien im Rahmen der Kirchengeschichte, Freiburg 1961, 17.

Gemäß ältester Überlieferung: Matthäusevangelium 28,19.

22 Nachdem sie ihn gekreuzigt hatten: Matthäusevangelium 27,35.

Im Spanien der heiligen Inquisition: Vgl. John Edwards, Die spanische Inquisition, Düsseldorf 2003.

In einem seiner Gebetbücher: Martin von Cochem, Außerlesenes Geistreiches Gebett-Buch, Augspurg 1724, 386.

23 Wenn ich sollte: A.a.O. 387.

24 Eine kräftige Verwünschung: Denziger-Schönmetzer, Enchiridion Symbolorum 126.

25 Er sei verflucht: Zit. Nach Heiler, Erscheinungsformen und Wesen der Religion 311 (gekürzt).

26 Entsprechend der mosaischen Weisung: Exodus 20,4f.

Gott will es: Vgl. Hans Eberhard Mayer, Geschichte der Kreuzzüge, Stuttgart 1965, 16.

Eine dringende Bitte: Jeremia 17,14–18.

Mit einer Feststellung: Bei der Übersetzung des hebräischen Originals halte ich mich an einen Hinweis von Günther Schwarz (Brief vom 23.10.2004 an den Verf.).

27 Ein Blick in die Bibel: Erster Johannesbrief 2,18; zweiter Thessalonicherbrief 2,3–12; Apokalypse 13,1–18.

28 Es gehört zur Hoffnung: Rainer Traub – Harald Wieser (Hrsg.), Gespräche mit Ernst Bloch, Frankurt am Main 1975, 22.

Erinnert das Halleluja: Adolf Holl, Weihrauch und Schwefel. Ein Monolog, Graz 2003, 83–87.

Von König David erzählte man: Zweites Buch Samuel 6,2–19.

29 Ihr werdet den Himmel offen sehen: Johannesevangelium 1, 51.

30 Steh auf: Jan Assmann, Tod und Jenseits im alten Ägypten, München 2001, 325.

31 Liegend eine Leiche: Assmann a. a. O. 145.

Alljährlich am Bau: Miroslav Verner, Die Pyramiden, Reinbek 1998, 103.

32 Mit Partituren verglichen: Assmann a. a. O. 328.

33 Als Königinnen und Priesterinnen: Vgl. Adolf Holl, Brief an die gottlosen Frauen, Wien 2002, 53–60.

Nofretete: Vgl. Christian Jacq, Die Ägypterinnen. Eine Kulturgeschichte, Düsseldorf 1998, 97–106.
Eine andere Darstellung: Assmann, Tod und Jenseits 407.
Von einer Bergregion: Hans Peter Duerr, Sedna oder Die Liebe zum Leben, Frankfurt am Main 1984, 414f.
Die Wu-Familien: Werner Eichhorn, Die Religionen Chinas, Stuttgart 1973, 25–28.

34 Als weltweit älteste Darstellung: Johann Grolle, Darwins Finken oder Wie der Affe zum Menschen wurde, Berlin 1999, 137.

37 Der so genannten Achsenzeit: Karl Jaspers, Vom Ursprung und Ziel der Geschichte, Frankfurt am Main 1956, 14–18.
Viehzucht, Eisengewinnung: Genesis 4,17–22.
Als der erste Mensch bezeichnet: Genesis 4,26. – Vgl. dazu Max Deeg, Musik in den Religionen – ein vernachlässigtes Gebiet religionswissenschaftlicher Forschung (unveröffentlichtes Manuskript) 7f.

38 In der Partitur: Arnold Schönberg, Moses und Aaron. Oper in drei Akten, Uraufführung 1957.
In einer Radiosendung: Joachim-Ernst Berendt, Nada Brahma. Die Welt ist Klang, Reinbek 2000, 289.

39 Mit einer einzigen Stimme: A. a. O. 37f.
Sprechgesang der Brahmanen: Guy L. Beck, Sonic Theology. Hinduism and Sacred Sound, Columbia 1993, 107–111.
Gegen die zierlichen Greuel: Vgl. Thomas Mann, Joseph und seine Brüder, 2. Band, Frankfurt am Main 1971, 717.

40 Eine Lautkombination: Beck, Sonic Theology 30–35.

41 Die bloße Absicht: Diesen Hinweis verdanke ich Ernst Steinkellner (siehe auch unten Kapitel 45).

42 Nach Indien kamen die Menschen: Jonathan Kingdon. Und der Mensch schuf sich selbst. Das Wagnis der Evolution, Frankfurt am Main 1997, 111–140.
Auffassung der indischen Theologen: Beck, Sonic Theology 205.
Ereignet sich die Weltschöpfung: A. a. O. 185.

43 Ihre Heimat haben: A. a. O. 133–135.

44 Der Anfang des Ave Maria: Lukasevangelium 1,28.42.

45 Seeschlacht von Lepanto: 7. Oktober 1571.
Im portugiesischen Fatima. Die dortigen Marienerscheinungen geschahen von Mai bis Oktober 1917 – vgl. L. Gonzaga da Fonseca, Maria spricht zur Welt, Innsbruck 1953.

In katholischer Sicht: Vgl. Adolf Holl, Die unheilige Kirche. Geschlecht und Gewalt in der Religion, Stuttgart 2005, 170–189.
Beim Wiederholen: Vgl. Friedrich Heiler, Das Gebet. Eine religionsgeschichtliche und religionspsychologische Untersuchung, München 1928, 55.

46 Den heiligen Berg Kailas: Im Süden des Transhimalaya (Westtibet, heute China).
Das Haus des Traums: Georg Büchner, Werke und Briefe, München 1992, 88 (»Dantons Tod«, 1. Akt, 6. Szene).

48 Aus dem altchristlichen Klosterwesen: Rainer Jehl, Melancholie und Acedia. Ein Beitrag zur Anthropologie und Ethik Bonaventuras, Paderborn 1984, 7–11. – Bernhard Häring, Das Gesetz Christi, Moraltheologie, Freiburg 1955, 382–390.
Charakterstudie des jungen Luther: Erik H. Erikson, Der junge Mann Luther. Eine psychoanalytische und historische Studie, Reinbek 1970.
Seinem Gott verzeihen lernte: A. a. O. 244.
Bereits im Säuglingsalter: A. a. O. 282.

49 In der Hoffnung, erkannt zu werden: A. a. O. 130.
Tief erschrecktes Kind: A. a. O. 279.
Mit Berufung auf einen prominenten Verehrer: Apostelgeschichte 17,34. – Vgl. Berthold Altaner, Patrologie. Leben, Schriften und Lehre der Kirchenväter, Freiburg 1950, 453–457.

50 Drei Phasen: Vgl. Evelyn Underhill, Mystik. Eine Studie über die Natur und Entwicklung des religiösen Bewusstseins im Menschen, München 1928, 223–232.
Die Wolke des Nichtwissens: Vgl. Peter Dinzelbacher, Christliche Mystik im Abendland. Ihre Geschichte von den Anfängen bis zum Ende des Mittelalters, Paderborn 1994, 371. (»The Cloud of Unknowing« wurde von bislang nicht identifizierter Hand um 1350 herum als Anleitung für ein beschauliches Leben verfasst.)
Zu den »Kapiteln des Tiefsinns«: Antoine Guillaumont, Les »Kephalaia Gnostica« d'Evagre de Pontique et l'histoire de l'Origenisme chez des Grecs et chez les Syriens, Paris 1962.

51 Die Sünde ist in Gedanken: Büchner, Werke und Briefe 88 (»Dantons Tod«, 1. Akt, 6. Szene).
Soviel wie Sorglosigkeit: Jehl, Melancholie und Acedia 7. – Vgl. auch Joachim Hake (Hrsg.), Schwermut – eine andere Form des Glücks, Stuttgart 2002, 17–22.

Von einem weiteren Meister: Johannes Cassian (gest. 435) – vgl. Jehl, Melancholie und Acedia 11.

52 Einmal im Jahr zur Beichte: Denzinger-Schönmetzer, Enchiridion Symbolorum 812.

53 Gott wartet: Simone Weil, Zeugnis für das Gute. Traktate, Briefe, Aufzeichnungen, München 1990, 208f. – Vgl. dazu Adolf Holl, Die linke Hand Gottes. Biographie des heiligen Geistes, München 1997, 238–244.

Wir sind alle Esel gewesen: Heinz Halm, Das Reich des Mahdi. Der Aufstieg der Fatimiden, München 1991, 231f.

54 Begann seine Blasphemie zu zirkulieren: Holl, Der lachende Christus 164f.

Erstmals gedruckt: Winfried Schröder (Hrsg.), Traktat über die drei Betrüger, Hamburg 1992, XV-XXV.

55 Niederschlag einer Enttäuschung: Theodor Lessing, Geschichte als Sinngebung des Sinnlosen, München 1983, 211.

Kein leichtes Leben: Rainer Marwedel, Theodor Lessing 1872–1933. Eine Biographie, Frankfurt am Main 1987.

Findet den Sinn der Welt nicht vor: Lessing, Geschichte als Sinngebung 15.

56 Hohe Menschen: A. a. O. 83,122.

Flügelbildungen: Bloch, Prinzip Hoffnung 1416.

57 Die spirituelle Natur des Menschen: Alister Hardy, The Spiritual Nature of Man. A Study of contemporary religious experience, Oxford 1979, 142.

Ein Selbstversuch: A. a. O. 140.

58 Es sei an der Zeit: A. a. O. 139f.

Ein Beitrag zur Human-Ökologie: A. a. O. 3.

Mein Herz hängt an ihr: »Time«, 11.3.1985.

Wurde gespöttelt: Ebd.

59 Seiner berühmten Frage: Hardy, The Spiritual Nature of Man 125 (»Do you feel that you have ever been aware of or influenced by a precence or a power, whether you call it God or not, which is different from your everyday self«).

Eine religiöse Pilgerfahrt: Zit. Nach Theodore Roszak, The Making of a Counter Culture. Reflections on the Technocratic Society and its Youthful Opposition, New York 1969, 167.

Die Rauschdroge LSD: Vgl. Albert Hofmann, LSD – mein Sorgenkind. Die Entdeckung einer »Wunderdroge«, München 2000.
Die tiefste religiöse Erfahrung: Timothy Leary: The Religious Experience: Its Production and Interpretation, in: Gunter M. Weil – Ralph Metzner – Timothy Leary (Hrsg.), The Psychodelic Reader, New York 1971, 191.
Mehr als fünfzig Mal wiederholt: Ebd.
Im weißen Pyjama: Roszak, The Making of a Counter Culture 166.
Turn-on: A. a. O. 168 (Anspielung auf die Bereitschaft, sich drogen-induzierten Erfahrungen zu überlassen, sich auf sie einzustimmen und auf konventionelle Karrieremuster zu verzichten).
60 Während des Vietnamkriegs: Gisela Völker (Hrsg.), Rausch und Realität. Drogen im Kulturvergleich, 2 Bände, Köln 1981, 623.
Sie musste lernen: Candace M. Pert, Moleküle der Gefühle. Körper, Geist und Emotionen, Reinbek 1999, 75f.
61 Im Oktober 1972: A. a. O. 81–91.
Langfristig chancenlos: Ronald K. Siegel, Rauschdrogen. Sehnsucht nach dem künstlichen Paradies, Reinbek 2000, 320.
Die halluzinogenen Champignons: A. a. O. 30.
Wie alle Säugetiere: A. a. O. 215.
62 Junge Paviane: A. a. O. 93.
Nur in der Gefangenschaft: A. a. O. 87–105.
Seit 8000 Jahren: A. a. O. 88.
Es sollte uns nicht beunruhigen: Hardy, The Spiritual Nature of Man 97.
Die Beschreibung exquisiter Erlebnisse: Aldous Huxley, Die Pforten der Wahrnehmung. Erfahrungen mit Drogen, München 2000.
63 Für den alltäglichen Gebrauch: A.a.O. 49–53.
In einer Art von Kloster: Erstes Buch Samuel 19,18–24.
64 Von den Derwischen ist zu erfahren: Völker, Rausch und Realität 482. – Vgl. auch Siegel, Rauschdrogen 154.
Die Weinrebe pflanzte: Genesis 9,20–23.
65 Besenschmalz: Hans Peter Duerr, Traumzeit. Über die Grenze zwischen Wildnis und Zivilisation, Frankfurt am Main 1978, 13–24 (das so genannte Besenschmalz bestand aus einer Salbe, die auf die nackte Haut gerieben wurde. Die Rezeptur ist unsicher, ent-

hielt aber wahrscheinlich Extrakte des Stechapfels – vgl. Siegel, Rauschdrogen 26).

Auf ihr Konto: Wolfgang Behringer, Hexen und Hexenprozesse in Deutschland, München 1988, 8.

Siegreich in diesen Auseinandersetzungen: Völker, Rausch und Realität 64–72.

Hielt sich das Gerücht: Vgl. Peter L. Berger, A Rumor of Angels. Modern Society and the Rediscovery of the Supernatural, New York 1969 (Auf den Spuren der Engel, Frankfurt am Main 1973).

Während des Mittagessens: Ernst Benz, Emanuel Swedenborg, Naturforscher und Seher, Zürich 1969, 204–208.

66 Hernach wurde Swedenborg: Holl, Die linke Hand Gottes 294–296.

Gegenwärtig so zerrüttet: Vgl. Christoph Bochinger, »New Age« und moderne Religion, Gütersloh 1995, 273.

Vom Christentum Abschied zu nehmen: A.a.O. 261.

Definitiver Akt: A.a.O. 280.

Erst nach seinem Tod: Vgl. Peter Ackroyd, William Blake. Dichter, Maler, Visionär, München 2001.

Wo Luther endigt: Geoffrey Keynes (Hrsg.), The Complete Writings of William Blake, Oxford 1966, 716.

Einen Baum voller Engel: Ackroyd, William Blake 31.

67 Mit Klopfgeräuschen: Vgl. Ruth Brandon, The Spiritualists. The Passion for the Occult in the Nineteenth and Twentieth Centuries, New York 1983.

Der erste Propagandist: Bochinger, »New Age« und moderne Religion 268f.

Alles ist Geist: Robert Peel, Mary Baker Eddy. The Years of Trial, New York 1971, 333.

Der eine oder andere Nobelpreisträger: Vgl. Hans-Peter Dürr, Physik und Transzendenz, Bern 1986.

Weil du aber lau bist: Apokalypse 3,15f.

68 Wie der Hirsch: Psalm 42,2–8.

Abyssus abyssum invocat: Augustin Arndt (Hrsg.), Die Heilige Schrift des Alten und Neuen Testaments mit dem Urtexte der Vulgata, Zweiter Band, Regensburg 1910, 66 (Psalmus XLI,8).

69 Das Problem ist zeitlos: Vgl. Anselm von Canterbury, Proslogion, Stuttgart 1962, 75–85.

Kein Mensch sieht mich: Exodus 33,20.

Bei mir ist ein Platz: Exodus 33,21–23.

Von Angesicht zu Angesicht: Exodus 33,11.

Außerdem wird erzählt: Exodus 24,9–11.

70 Strahlte das Gesicht: Exodus 34,29. Das hebräische Zeitwort *garan* (= strahlen) wird von *geren* (= Horn) abgeleitet.

Auch das Gesicht: Matthäusevangelium 17,1–3.

71 Spottet jeder Beschreibung: Vgl. Heinz Robert Schlette (Hrsg.), Alter Gott höre. Gebete der Welt, Frankfurt am Main 1994, 111.

72 Auf dem Berg Petsofas: Vgl. Johannes Leipoldt, Von Epidauros bis Lourdes. Bilder aus der Geschichte volkstümlicher Frömmigkeit, Hamburg 1957, 9.

Nach Platons Bericht: Phaidon, 66. Kapitel, 117a 4 – 118a 14.

74 Drei achtjährige Mädchen: David Blackbourn, Wenn ihr sie wieder seht, fragt, wer sie sei. Marienerscheinungen in Marpingen – Aufstieg und Niedergang des deutschen Lourdes, Reinbek 1997, 15–17.

Von einer Nachbarin: A. a. O. 209.

75 Verfügte sich der zuständige Kreissekretär: A. a. O. 374–376.

76 Blinde, Taube und Stumme: A. a. O. 269.

Die erste Spontanheilung: A. a. O. 225.

77 Ein Kriegsteilnehmer: A. a. O. 581–585.

Die Kapelle steht noch immer. A. a. O. 614.

Fäulnisbakterien: »Die Weltwoche«, 26. 8. 1999.

Am 17. Mai 1999: Ebd. – Vgl. »Der Spiegel« 37/1999.

78 Eins zu einer Million: In Lourdes wurden zwischen 1878 und 1978 insgesamt 63 ärztlich anerkannte Wunderheilungen registriert. Das ergibt im Durchschnitt etwa 1,5 unerklärbare Heilungen pro Jahr. Der jährliche Zustrom von Pilgern wird im Durchschnitt mit 2 Millionen angegeben. Vgl. dazu Patrick Marnham, Lourdes. A modern pilgrimage, London 1980, 162.

Bad Neuenahr: Blackbourn, Wenn ihr sie wieder seht 303.

79 Seinen ersten Bestseller: Deepak Chopra, Der Jugendfaktor. Das Zehnstufenprogramm gegen das Altern, Bergisch Gladbach 2002.

Auch bösartige Tumore: »Time«, 24. 6. 1996.

80 Im Erlen-Dickicht: Robert von Ranke-Graves, Die weiße Göttin. Sprache des Mythos, Reinbek 1985, 586.

Eine zweibändige Darstellung: Robert von Ranke-Graves, Griechische Mythologie. Quellen und Deutung, Reinbek 1960.

Sie fürchten den Gerichtstag: Ranke-Graves, Die weiße Göttin a. a. O.
Die Vorstellung einer schöpferischen Göttin: A. a. O. 590.
Ich bin kein Mystiker: A. a. O. 588.

83 Ein gefragter Gastlektor: Hermi Amberger, Wer glaubt, lebt länger, Wien 2000, 159.
Sehr entschieden geworden: Herbert Benson, Heilung durch Glauben. Selbstheilung in der neuen Medizin, München 1998.
Die Sichtung: »Newsweek«, 10. 11. 2003.
Ein dicker Wälzer: Harold Koenig – Michael McCullough – David Larson (Hrsg.), Handbook of Religion and Health, Oxford University Press 2000.

84 Ein Credo formuliert: William James, The Varieties of Religious Experience, New York 1958, 389.
Ein gewisses Unbehagen: A. a. O. 383f.

85 Bis zu den amerikanischen Neurologen: »Der Spiegel« 49/2003.
Altruistische Gene: Edward O. Wilson, The Genetic Evolution of Altruism, in: Lauren Wispé (Hrsg.), Altruism, Sympathy and Helping. Psychological and Sociological Principles, New York 1978, 11–37.
Die Gefühlsregung des barmherzigen Samariters: Lukasevangelium 10,33.

86 Die semitische Wurzel: Im Hebräischen als *rechem* vokalisiert, wovon Jiddisch *rachmones* (= Mitleid), im Arabischen *rachim.*
Wie es im Text heißt: Erstes Buch der Könige 3,26.
Erblickt nach langer Trennung: Genesis 43,29f.
Sogar auf Gott übertragen: Lukasevangelium 1,78. – Vgl. dazu Adolf Holl, Mitleid im Winter. Erfahrungen mit einem unbequemen Gefühl, Reinbek 1985, 25–27.

88 Das allen in die Kindheit scheint: Bloch, Das Prinzip Hoffnung 1628.

89 Ein trotziger Ausspruch: Im Werk des afrikanischen Kirchenschriftstellers Tertullian (gest. etwa 220 n. Chr.), dem die Sentenz oft zugeschrieben wurde, ist lediglich das Zitat »credibile est, quia ineptum« (glaubwürdig, weil läppisch) nachweisbar (vgl. Johannes B. Bauer; »Credo, quia absurdum«, in: Festschrift für Franz Loidl, Wien 1970, 9–12).

90 Der schakalköpfige Anubis: Manfred Clauss, Das alte Ägypten, Berlin 2003, 106.

Eine grobe Einteilung: Vgl. Heinz Mode, Fabeltiere und Dämonen. Die phantastische Welt der Mischwesen, Leipzig 1973.

91 Im unterägyptischen Tebtunis: Keith Hopkins, A World Full of Gods. Pagans, Jews and Christians in the Roman Empire, London 2000, 179–184.

Tiere aus der Tiefe: Apokalypse 13,1–11.

92 Der völkerkundige Poseidonios: Klaus E. Müller, Geschichte der antiken Ethnologie, Reinbek 1997, 316–318.

Durchaus im Sinn: A. a. O. 147.

Gilt Religion bestenfalls: Rodney Stark – William Sims Bainbridge, A Theory of Religion, New Brunswick 1996, 85.

93 Eines dieser Kunstwerke: Steven Mithen, The Prehistory of the Mind. A Search for the Origins of Art, Religion and Science, London 1998, 187.

Wir sind aus solchem Stoff: William Shakespeare, Der Sturm, 4. Akt, 1. Szene (Übersetzung nach August Wilhelm Schlegel von Vera Sturm und Claus Peymann, Burgtheater Wien 1988).

94 In den Höhlen der Dordogne: E. O. James, Religionen der Vorzeit, Köln 1960, 21. – Vgl. dazu André Leroi-Gourhan, Die Religionen der Vorgeschichte, Frankfurt am Main 1981.

Die Häufung von Funden: Mithen, The Prehistory of Mind 207.

Sprachmächtigkeit: Mithen a. a. O. 121–125; 158–161.

95 Lust am Geschichtenerzählen: Vgl. Daniel L. Schacter, Wir sind Erinnerung. Gedächtnis und Persönlichkeit, Reinbek 1999, 485–495.

96 Keine Esoterik: Der Ausdruck leitet sich von der altgriechischen Unterscheidung zwischen *esoterikos* (= der Innere) und *exoterikos* (= der Äußere) her.

Wie Attacken auf die Vernunft: Pascal Boyer, Und Mensch schuf Gott, Stuttgart 2004, 69–117.

97 Von neurowissenschaftlicher Seite: A. a. O. 372f; 388–398.

98 Von Gewissensbissen geplagt: William Shakespeare, Hamlet, 3. Akt, 3. Szene.

99 Jene wesentliche Intuition: Vgl. Peter Strasser, Theorie der Erlösung. Eine Einführung in die Religionsphilosophie, München 2006, 27.

100 Schamanistische Jenseitsreisen: Holl, Brief an die gottlosen Frauen 81–102.

Rituelle Körperhaltungen: Felicitas D. Goodman, Trance – der

uralte Weg zum religiösen Erleben. Rituelle Körperhaltungen und ekstatische Erlebnisse, Gütersloh 1992.
Jeder für sich und Gott gegen alle: Vgl. den Film dieses Titels von Werner Herzog (1974).

101 Seele Christi: Ignatius von Loyola, Die Exerzitien, Einsiedeln 1954, 3.

102 Drei Arten stillen Betens: A. a. O. 96.
Hielt die indischen Brahmanen: Elisabeth Vitzthum (Hrsg.), Die Briefe des Francisco de Xavier, Leipzig 1939, 51.
Die Palme des Martyriums: A. a. O. 323.

103 Die Zahl der hingerichteten Neuchristen: Christopher Hollis, Die Jesuiten. Söhne des heiligen Vaters, Hamburg 1970, 60.
Mit dem Buddhismus eingelassen: Ursula Baatz, Hugo M. Enomiya Lassalle. Ein Leben zwischen den Welten, Zürich 1998, 233.

104 Gewissenserforschung: Regulae Societatis Jesu. Ad usum Nostrorum tantum, Rom 1932, 19.
Mit dem hageren Lassalle, Baatz; Lassalle 233.

105 In der Tiefe ein Stein: A. a. O. 272.
Beim Jesusgebet: A. a. O. 273.
Wo kommen wir da hin: A. a. O. 398
Der Buddhist urteilt: A. a. O. 350.

106 Sein erstes Buch: Hugo M. Enomiya-Lassalle, Zen – Weg der Erleuchtung, Wien 1960.
Kein göttliches Gegenüber, Baatz; Lassalle 418.
Eine exquisite Erfahrung: A. a. O. 327f.

107 Der einzige Freund: A. a. O. 386.
In diesem Experiment: A.B. Neuberg – E.G. D'Aquili, The neuropsychology of spiritual experience, in: H.G. Koenig (Hrsg.), Handbook of religion and mental health, San Diego 1998, 75–94. – Vgl. dazu Detlef B. Linke, Religion als Risiko. Geist, Glaube und Gehirn, Reinbek 2003, 82f.
Als gesichert gilt: Vgl. Klaus Engel, Meditation: Geschichte, Systematik, Forschung, Theorie, Frankfurt am Main 1999, 205–209. – Vgl. ferner R.J. Davidson – D.G. Goleman, The role of attention in meditation and hypnosis. A psychobiological perspective on transformation of consciousness, in: The international Journal of Clinical and Experimental Hypnosis 25 (4), 291–308.

108 Die lachende Antwort: Daniel Goleman (Hrsg.), Dialog mit dem

Dalai Lama. Wie wir destruktive Emotionen überwinden können, München 2005, 37.
Die Pointe dieses Scherzes: Der Dank des Verf. für die wissenschaftliche Substanz der folgenden Passage als Zusammenfassung einer zehnjährigen Korrespondenz geht an den Neuropsychiater Jugg Storck (Zürich).
Anders ausgedrückt: Vgl. Erri De Luca, Ich bin da, Reinbek 2004, 46, 96, 22.

110 Der Tag wird kommen: Hans G. Kippenberg – Tilmann Seidensticker (Hrsg.), Terror im Dienste Gottes. Die »Geistliche Unterweisung« der Attentäter des 11. September 2001, Frankfurt am Main 2004, 22.

111 Der die höheren Töchter lehrte: Vgl. Traugott Lindner – Leopold Lentner – Adolf Holl, Priesterbild und Berufswahlmotive. Ergebnisse einer sozialpsychologischen Untersuchung bei Wiener Mittelschülern, Wien 1967, 172–194.
Viele sind berufen: Matthäusevangelium 22,14.
Zusammenhang zwischen Blutopfern: Adolf Holl, Religion ist Krieg. Formen heiliger Militanz in Vergangenheit und Gegenwart, in: Konrad Paul Lissmann (Hrsg.), Der Vater aller Dinge. Nachdenken über den Krieg, Wien 2001, 188.
Nach dem arabisch-israelischen Krieg: Vgl. Gilles Kepel, Die Rache Gottes. Radikale Moslems, Christen und Juden auf dem Vormarsch, München 1991, 42–44.

113 Warnung vor falschen Seelenführern: Matthäusevangelium 24,11; Lukasevangelium 6,26.

114 Ich war von Leiden gequält: Solange Lemaître, Ramakrischna, Reinbek 1963, 59.

115 Eine enthusiastische Beschreibung: Romain Rolland, Das Leben des Ramakrischna, Oberwil bei Zug 1986.
Die Empfindung von etwas Unbegrenztem: Vgl. Sigmund Freud, Das Unbehagen in der Kultur, in: Studienausgabe Band IX, Frankfurt am Main 1974, 197.
Als verrückt wahrgenommen wurde: Lemaître, Ramakrischna 61–68.
Tanz mit den hochbrüstigen Joginis: Vgl. Agehanada Bharati, Tantric Traditions, Delhi 1993, 265.

116 Eine hervorragende Studie: Catherine Clément – Sudhir Kakar,

Der Heilige und die Verrückte. Religiöse Ekstase und psychische Grenzerfahrung, München 1993, 105–158.
Von einer hochrangigen Theologenkommission: Lemaître, Ramakrischna 71.
Am St. Stephen's College: »Die Weltwoche«, 15.7.2004. – Vgl. dazu Agehanada Bharati, Hindu-Faschismus, in: »Forum« XXXIII (1986), Nr. 387, 29–35. – Vgl. ferner Koenraad Elst, The Saffron Swastika. The Notion of »Hindu Fascism«, 2 Bände, New Delhi 2001.
Dessen ältestes Gedicht: Philipperbrief 2,6–11.

117 Ich bin vom Vater ausgegangen: Johannesevangelium 16,28.
Wohin ich gehe: A. a. O. 13,13.
Herr, zeige uns den Vater: A. a. O. 14,18.
Wir wissen nicht, wohin du gehst: A. a. O. 14,5.
Noch ehe der Hahn kräht: A. a. O. 13,38.
Wer mich gesehen hat: A. a. O. 14,9.
Im Hause meines Vaters: A. a. O. 14,2f.

118 Bis jetzt: Vgl. Josef Mitterer, Das Jenseits der Philosophie. Wider das dualistische Erkenntnisprinzip, Wien 1999, 60.
Es kommt die Stunde: Johannesevangelium 4,23.
Noch vieles habe ich euch zu sagen: A. a. O. 16,7.12f.

119 Die esoterischen Alternativen: Vgl. Adolf Holl (Hrsg.), Die Ketzer, Hamburg 1994, 450–462.
Nach Auschwitz: Hans Jonas, Gedanken über Gott, Drei Versuche, Frankfurt am Main 1994, 44.
Im Anfang: A. a. O. 33.
In die werdende Welt hineinbegab: A. a. O. 48.

120 Verherrliche deinen Sohn: Johannesevangelium 17,1.24.
Vierundzwanzig Älteste: Apokalypse 4,4.
Die große Masse: A. a. O. 7,9–17.
In der Realgeschichte: Vgl. Max Horkheimer, Eclipse of Reason, New York 1947, 161.

121 Das entsprechende Szenario: Matthäusevangelium 25,31–46.
Werden sich zum Guten bekehren: J.P. Migne (Hrsg.), Patrologia Graeca, Band 11, Paris 1857ff., 169 (De principiis I,6,3).

122 Nicht so Origenes: Vgl. Claude Tresmontant, La Metaphysique du Christianisme et la Naissance de la Philosophie Chrétienne, Paris 1961, 395–457.

123 Die Züchtigung wird ein Ende haben: Vgl. Antoine Guillaumont, Les »Kephalaia Gnostica« d'Evagre de Pontique et l'histoire de l'Origenisme chez les Grecs et chez des Syriens, Paris 1962, 316.
Gab es Eingeweihte: Holl, Die linke Hand Gottes 137.

124 Was ich mitzuteilen habe: Guillaumont, Les »Kephalaia Gnostica« 312.
Darlegung einer Seelenverfassung: Vgl. A. Baumstark, Geschichte der syrischen Literatur, Bonn 1968, 312–320.
Nichts Inneres: Eine Bemerkung von Peter Handke.

125 Wunschlose Absicht: Vgl. Adolf Holl, Gott ist tot und lässt Dich herzlich grüßen. Eine Autobiographie. Wien-Klosterneuburg 2001, 142–144.

126 Das kräftigste Gebet: Carrel u. a., Kann man noch beten 67–88.

Die Niederschrift wurde im Dezember 2004 begonnen und im Februar 2006 abgeschlossen.